高职英语教学与文化融合的实践研究

惠显鑫　池咏梅　著

万卷出版有限责任公司
VOLUMES PUBLISHING COMPANY

图书在版编目(CIP)数据

高职英语教学与文化融合的实践研究 / 惠显鑫，池咏梅著. --沈阳 ：万卷出版有限责任公司，2024.12.
ISBN 978-7-5470-6719-2

Ⅰ. H319.3

中国国家版本馆 CIP 数据核字 2024EX8760 号

出版发行：万卷出版有限责任公司
（地址：沈阳市和平区十一纬路 29 号　邮编：110003）
印 刷 者：辽宁鼎籍数码科技有限公司
经 销 者：全国新华书店
幅面尺寸：170 mm×240 mm　1/16
字　　数：215 千字
印　　张：14
出版时间：2025 年 6 月第 1 版
印刷时间：2025 年 6 月第 1 次印刷
责任编辑：朱婷婷
责任校对：张　莹
装帧设计：豫燕川
ISBN 978-7-5470-6719-2
定　　价：58.00 元
联系电话：024－23284090
邮购热线：024－23284448

前 言

在高职英语教学中融入中华优秀传统文化，可以拓宽学生的文化视野，加强他们对中国传统文化的认知和了解。一个国家要想屹立于世界民族之林，离不开文化自信。可以说，文化自信是一个国家的生存之本、立足之基和发展之源。对中国而言，优秀的传统文化为我们的文化自信提供了源源不断的精神动力，而青年学子是展现文化自信的重要群体，肩负着传承中华优秀传统文化与延续中华文明的重任。如今，高职英语课堂成为广大学生进行文化交流的重要平台，教师应该通过教授传统文化元素，帮助学生形成正确的文化价值观与自信。

在新的时代背景下，我国的高职英语教学应该服务于国家发展、社会进步以及人的全面发展。同时，高职英语教学应该以中华传统文化相融合的多元文化为中心，在跨文化交际教学中贯彻文化自信理念，弘扬与传播中国传统文化。因此，大学英语教师应该提升融入中华文化教学的意识，增强文化知识的储备，精心编写中华传统文化及本地传统文化的教材。总之，将传统文化与高职英语教学相互融合和渗透，不仅有利于提升学生的传统文化素养，而且可以有效提升英语教学水平及学生的英语专业素质。本书适合高职院校从事英语教学的教师以及相关研究者阅读与参考，也可作为进行英语学习的相关人员的学习资料。

作者在撰写过程中参阅了大量关于中华传统文化和高职英语教学融合与渗透的资料和文献，并且为了确保论述的全面与合理，引用了诸多学者、专家的观点。在此，谨向相关作者表示诚挚的谢意，并且将有关文献列于书后，如有遗漏，敬请谅解。因作者写作水平有限，书中难免存在疏漏之处，恳请广大读者不吝指正。

目　录

第一章　高职英语教学概述 ………………………………………… 1

第一节　高职英语教学的基本原则 ……………………………… 1

第二节　高职英语教学的目标 …………………………………… 10

第二章　高职英语教学的基础理论 ……………………………… 14

第一节　高职英语教学的理论概述 ……………………………… 14

第二节　高职英语教学的构成因素 ……………………………… 18

第三节　高职英语教学遵循的原则 ……………………………… 28

第三章　高职英语教学的常用方法 ……………………………… 39

第一节　情境教学法 ……………………………………………… 39

第二节　任务型教学法 …………………………………………… 42

第三节　启发式教学法 …………………………………………… 47

第四节　发现教学法 ……………………………………………… 52

第五节　讨论式教学法 …………………………………………… 55

第四章　文化导入英语教育的探索 ……………………………… 61

第一节　文化和语言的概念及其关系 …………………………… 61

第二节　文化导入英语教育的具体分析 ………………………… 67

第五章　文化与高职英语教学融合的相关问题探究 …………… 79

第一节　文化与英语教学融合的必要性 ………………………… 79

第二节　文化与英语教学融合的方法 …………………………… 83

第六章　文化在高职英语教学中的应用方法 ………………………… 88
第一节　高职英语融入文化的基本原则 ………………………… 88
第二节　文化在大学英语教学中应用的可行性 ………………… 92
第三节　高职英语教学融入文化的方法 ………………………… 93

第七章　文化融入高职英语自主学习的策略 ……………………… 101
第一节　文化融入高职英语自主学习的理论基础依据 ………… 101
第二节　高职英语自主学习模式应用的有效性分析 …………… 111
第三节　文化视角下的英语自主学习方法 ……………………… 116

第八章　文化在高职英语专业教学中的融合与渗透 ……………… 126
第一节　文化与英语词汇语法教学的融合与渗透 ……………… 126
第二节　文化与英语听说教学的融合与渗透 …………………… 146
第三节　文化与英语阅读教学的融合与渗透 …………………… 174
第四节　文化与英语写作教学的融合与渗透 …………………… 188
第五节　文化与英语翻译教学的融合与渗透 …………………… 203

参考文献 …………………………………………………………… 213

第一章 高职英语教学概述

第一节 高职英语教学的基本原则

一、交际性原则

语言是交际的工具，人们主要通过语言来交流思想、传递信息。交际是在特定语境中说话者和听话者、作者和读者之间的意义转换。由此定义可以得出以下几点启示：第一，交际包括口语和书面语两种交际形式；第二，交际总是发生在一定的语境之中；第三，交际需要两个以上的人参与并产生互动。

学习英语的首要目的就是使用英语进行交际，而英语教学的首要目标就在于培养学生的交际能力。交际能力的核心就是能够运用所学的语言知识在不同的场合与不同的对象进行有效的、得体的交际。因此，英语教学中要贯彻交际性的原则，使学生能用所学的英语与人交流，在教学过程中努力做到以下几点。

（一）充分认识英语课程的性质

英语课是一种技能培养型的课程，要把语言作为一种交际的工具来教、来学、来使用，要使学生能用所学的语言与人交流、获取信息，而不是把教会学生一套语法规则和零碎的词语用法作为语言教学的最终目标。在教学过程中，教、学、用三个方面构成一个有机的、相辅相成的统一体，其中的核心在于使用。

（二）创设情境，开展多种形式、丰富多彩的交际活动

语言是交际的工具，而交际的发生总是处于特定的情境之中。情境

包括时间、地点、参与者、交际方式、谈论的题目等要素。在某一特定的情境中，讲话者讲话的时间、地点以及本人的身份都制约其说话的内容、语气等。因此，在基础英语教学中，要将教学的内容置于一种有意义的情境之中。而且，在一定的情境下学习英语，可以使学生身临其境，提高学习英语的兴趣。因此，英语教学活动要充分考虑交际性的特点，结合教材的内容，尽量利用各种教具，创设与学生生活密切相关的各种情境，进行英语交际训练活动，这样不仅能使学生学有兴趣、学有成效，而且能够做到学用结合。

（三）注意培养学生语言使用的得体性

英语教学的首要目标在于培养学生进行有效交际的能力。传统的英语教学只偏重语法结构的正确性，而根据交际性原则，学生要具备良好的交际能力，需要能够在适当的时间、适当的地点，以适当的方式向适当的人讲适当的话。这一点与上面一点密切相关，创设情境，开展多样的交际活动，如课堂游戏、讲故事、猜谜语、编对话、角色扮演、话剧表演、专题讨论或者辩论等，都有助于学生在创设的情境中充分展现自己，从而掌握地道的英语语言。

(四) 精讲多练

英语课堂的工作不外乎讲和练两种，前者是指讲授语言知识，后者是进行语言训练。在课堂上，适当讲授一些语言知识是必要的，可以提高学习的效果。就如同学习游泳一样，在下水之前，教师讲解一些注意事项、游泳的动作要领，有助于提高学生训练的效果。但是，英语首先是一种技能，技能只有通过实际训练才能获得。因此，教师必须清楚，讲解的目的在于帮助学生更好地训练。在语言训练的过程中要针对学生的具体问题给予“画龙点睛”式的点拨。这不仅有利于学生语言交际能力的培养，还有助于学生养成良好的学习与思维习惯。在进行了必要的讲解之后，要给学生留出足够的训练时间。

（五）注重教学内容与教学活动的真实性，贴近学生的生活

语言与现实生活密切相关，教学活动的设计与教学内容的选择一定

要考虑这一因素。在英语教学中，要把语言和学生关心的话题结合起来，要给学生足够的、内容丰富的、题材广泛的、贴近学生生活的信息材料。另外，教学内容的真实性还要求教材的语言和教师的语言是真实的，也就是说，教材的语言和教师的语言应该是英语国家的人们在交际过程中所使用的语言，而不是专门为教学而编写出来的。

二、兴趣性原则

我国古代教育家孔子把学习分为三个不同的层次：知学、好学和乐学，认为“知之者不如好之者，好之者不如乐之者”。兴趣是最好的教师，是推动学生学习英语的最强有力的动力。学习兴趣是学生积极探求事物并带有感情色彩的认识倾向，它可以使学生在学习活动中变得积极主动，从而获得更好的学习效果。有学者指出，学习兴趣有四大功能：第一是定向功能。学习兴趣作为影响学习过程的一种非智力因素，其作用是最为明显，也是最为持久的，它往往决定着学生的进取方向，为学生的学业奠定基础。第二是动力功能。学习兴趣与人的情感活动密切相关，可以直接转化为学习的动力。当学生对英语学习具有浓厚的兴趣时，学习就不再是一种负担，而是一种乐趣。第三是支持功能。英语学习是一个漫长而又复杂的学习过程，学习过程中会有许多困难与挫折。学习兴趣有助于学生克服困难、战胜挫折、保持旺盛的精力，对学习起着支持作用。第四是偏倾功能。人们往往从自己的兴趣出发去审视事物，表现在英语学习上就是每个学生的兴趣不同，其学习的侧重点也就有所不同。有的学生对记忆单词特别感兴趣，有的学生特别喜欢阅读英语文章，还有一些学生特别喜欢英语写作。对于这些侧重点的差异，教师需要因势利导，在学生原有侧重点的基础上，将其引导到全面正确的轨道上来。为了激发和培养学生学习英语的兴趣，教师应该做到以下几点。

（一）充分了解学生的生理与心理特点，尊重学生的主体性

学生是学习的主体，是整个学习过程的核心承载者。基础英语教学

要从学生的心理和生理特点出发，改变传统的学习方式，让学生通过体验和实践进行学习。传统的语言学习方式强调学生在初级阶段要学好音标、学好语法，掌握一定量的词汇。英语课程必须从学生的心理和生理特点出发，遵循语言学习规律，从改变学生的学习方式入手，通过听做、说唱、玩演、读写和视听等多种活动方式，达到培养兴趣、形成语感和提高交流能力的目的，在学习的初级阶段尤其如此。

（二）重视科学设计教学过程

英语学习应该重视科学设计教学过程，努力创设能满足学生对知识内容、技能实践和学习策略的需要的真实情境，营造能活跃学生思维的教学环境，帮助学生通过各种渠道获取知识，加速知识的内化过程，使他们能够在听、说、读、写等语言交际实践中灵活运用语言知识，变语言知识为言语交际的工具。这样，学生在锻炼交际能力的同时，综合素质也会得到相应提高，学生的学习兴趣才会得到巩固与加强。

（三）挖掘教材，激情引趣

教材是英语教学的核心，教师要想最大限度地调动学生学习的积极性，就要在备课时认真地研究教材，挖掘教材中的兴趣点，使每节课都有新鲜感，都有让学生感兴趣的内容和活动。

（四）善于发现学生的进步，多鼓励表扬，培养学生的自信心和成就感

对于学生来说，学习兴趣的保持在很大程度上取决于学习的效果，取决于他们能否获得成就感。因此，教师要通过多种激励方式，如奖品激励、任务激励、荣誉激励、信任激励和情感激励等，鼓励学生积极参与、大胆实践，体验成功的喜悦。

（五）注意发现和收集学生感兴趣的问题，把这些问题作为设计教学活动的素材

例如，在教数字时，有一个教师请学生收集自己家里所有的数字，学生除了收集家里的电话号码、邮编、自行车牌照、汽车牌照等之外，

还收集了全家人穿的鞋子的尺码、衣服的尺码，父母的身高，家里的藏书数目，自己的零用钱，等等。这样，一节枯燥的数字课变得热闹非凡，笑声不断。

（六）增强教师与学生之间的交流

一个班级的学生来自不同的家庭，教师要平等地对待每一个学生，对学生充满爱心，通过各种形式与学生进行交流，真心地与学生交朋友，用自己对工作、对学生的热爱去影响学生。而且教师要活泼、有幽默感，以赢得学生的尊重与喜爱。实践表明，一个学生对某一门课程喜欢与否，往往取决于他对授课教师的态度。另外，教师还要寓思想教育于教学之中，结合英语教学培养学生的道德情感和对英语学习的热情，创设和谐、宽松的课堂气氛，注意保护学生的自尊心。好的情绪在学习中会变为一种兴趣和动力，教师在严格要求学生的同时，还要给学生创设一种和谐的学习氛围，通过一个眼神、一个手势、一个微笑或一句赞许的话去影响学生。

（七）改变传统的英语测试方式

基础英语课程的评价应以形成性评价为主，采用平时教学活动中学生常见的方式进行，重视学生的态度、参与的积极性、努力的程度、交流的能力以及合作的精神等。除形成性评价外，学生期末或学年考试可采用口试、笔试相结合的方式。口试主要考查学生实际的语言应用能力，笔试主要考查学生听和读的技能以及写作能力。评价可采用等级制或达标的方式记录成绩，不应对学生按成绩排队或以此作为各种评比或选拔的依据。

三、灵活性原则

灵活是兴趣之源，灵活性原则是兴趣性原则的有力保障。语言是生活的一个必要组成部分，是一个充满活力、不断发展的开放性系统。语言本身的性质以及学生的自身特点要求教师在英语教学中要遵循灵活性的原则，在教学方法、语言学习和语言使用方面要做到灵活多样、富有情趣。

（一）教学方法的灵活性

英语教学史上曾经出现了许多种不同的教学方法和流派，例如语法翻译教学法、视听教学法、交际教学法，等等，每种方法都有其自身的优势与不足，教师应该兼收并蓄、集各家之所长，切忌拘泥于某一种所谓流行的教学方法。英语教学包括语言知识和语言技能两个方面。语言知识包括语音、词汇、语法等内容，不同的语音、不同的词汇、不同的语法项目都具有不同的特点。语言技能包括听、说、读、写四个方面，其中还包括许多微技能。学生的个体差异千差万别，因此在英语教学过程中，要综合教学内容以及教师自身的特点，创造性地开展多种多样的教学活动，充分体现教学方法的多样性和创新性，使英语课堂新鲜有趣，从而激发学生学习英语的积极性，挖掘学生的潜能。教学内容也要体现多样性的原则，不光要教英语语言知识，还要教学习方法。

（二）学习的灵活性

教学方法和教学内容的灵活性可以有效地带动英语学习的灵活性。教师要帮助学生探索合乎英语语言学习规律和符合学生生理、心理特点的自主性学习模式，使学生能够自我导向、自我激励、自我监控；静态、动态结合，基本功操练与自由练习结合，单项和综合练习结合。通过大量的实践练习，使学生具备良好的语音、语调、书写和拼读的基础，并能用英语表情达意，开展简单的交流活动，开发听、说、读、写等综合运用语言的能力。

（三）语言使用的灵活性

英语学习的关键在于使用，教师要通过自身带动和影响学生灵活地使用英语。教师应尽可能多地用英语组织教学、用英语讲解、用英语提问、用英语布置作业等，使学生感到他们所学的英语是活的语言。英语教学的过程不应只是学生听讲和做笔记的过程，而还应是学生积极参与，运用英语来实现目标、达成愿望、体验成功、感受快乐的有意义的交际过程。另外，教师还可以通过灵活性的作业使学生灵活地使用英语。作业的布置应侧重于对实践能力的培养，如可以让学生录制口头视频作业，让学生轮流使用英语进行值日报告，用英语陈述和评议时事、新闻等。

四、宽严结合的原则

所谓的宽与严是指如何对待学生在学习过程中出现的语言错误，也就是如何处理准确和流利之间的关系。英语学习是一个漫长的内化过程，学生从开始只懂母语，一直到最后掌握一种新的语言，需要经过许多不同的阶段，从中介语的观点来看，在各个阶段，学生使用的语言是一种过渡性的语言，它既不是对母语的翻译，也不是将来要学的目标语。这种过渡语免不了会有很多错误，传统的分类方法将错误分为语法、词汇和语言错误。语法错误又进一步分为冠词、时态、语态错误等。这种分类方法主要基于语言形式而忽视了对语言的使用。对于各种错误的分析，是第二语言习得研究的重要课题，因为通过对这些错误进行分析，可以发现学生的学习策略，这些策略正是学生在学习英语的过程中产生错误的原因。第一个原因就是迁移。需要说明的是，许多人都想当然地认为迁移是英语学生产生错误的主要原因，但是许多研究表明，由母语干扰造成的错误在所有错误中占的比例并不高。第二个原因是过度概括。学生对自己所学的语言结构作出概括，然后创造出一些错误的结构。

语言错误是学习英语过程中的必经阶段。“出错—无意识错误—出错—意识错误—出错—自我纠正错误”是每一个学生学习英语的必经之路，没有这个过程很难练就一口流利的英语口语。因此，要鼓励学生不怕出错，而且要耐心地倾听学生不太标准的发音，并给予纠正指导。一方面，教师要坚持用正确的语言熏陶学生；另一方面，当学生的语言错误影响到信息的传递时，要进行必要的纠正，从而保证学生以后使用英语的准确性。也就是说，在英语教学过程中，教师应该采取宽严结合的方式。当以交流为目的时，对学生的语言错误采取宽容的态度；当以语法学习为目的时，则采取严格的态度。这样宽严结合，既能保证学生具有扎实的语言基础，又有利于鼓励学生大胆地使用英语。

宽严结合的原则实际上就是要正确处理准确和流利之间的关系。“没有准确，流利就失去基础”这句话是对的，但是这种说法只是强调了准确的重要性，正确的态度应该是“既要强调准确性，又要重视流利程度”。我们可以区分两种情况：对于初学者，不要过分纠正其语言中的错误，而要更多地鼓励他们使用英语进行交际；对于英语水平中等以上的学生，可以适当地纠正其语言中的偏差，但是要以不打击他们的学习积极性为前提。换句话说，越到高级阶段，越要强调准确性。此外，在写作文或在课堂上演讲时，则应该强调准确性。

五、输入输出原则

所谓输入是指学生通过听和读接触英语语言材料，所谓输出是指学生通过说和写来进行表达。心理语言学研究表明，输出建立在输入的基础之上。在此意义上，输入是第一性的，输出是第二性的。人们在学习英语的过程中，能理解的总是比能表达的要多。换言之，人们能听懂的，永远比能说的要多；而能读懂的，又比能写的多。我们能欣赏小说、散文和诗歌等优秀的文学作品，但我们自己并不一定能写出来。除此之外，语言输入的量越大，语言输出的能力就越强。也就是说，我们听的东西越多、读的东西越多，表达能力也会越强。有效的语言输入应具备以下三个特点：第一个特点是可理解性。他认为，如果学生不能理解输入的语言，那么这些输入无异于噪声，是不能被接受的。第二个特点是趣味性或恰当性。输入的语言材料还要使学生感兴趣。要使学生对语言输入感兴趣，最好使他们意识不到自己是在学英语，把其注意力放在意义上。第三个特点是有足够的输入量。目前的英语教学严重低估了语言输入量的重要性。要习得一个新句型，单靠做几个练习甚至读几段语言材料是远远不够的，还需要数小时的泛读以及多次讨论才能完成。

教师在教学过程中应该注意以下几点。

(一) 尽可能多地让学生接触英语

要通过视、听和读等手段，多给学生可理解的语言输入，如声像材料的示范和贴近学生日常生活与学习、适合学生的英语水平、具有时代特色的读物等。另外，学生学习的内容不要局限在课本之内，教师应该打破课内外的界限，帮助学生扩大语言的接触面。

(二) 输入内容和输入形式的多样化

学生接触的英语既要有有声的，又要有图像的，还要有文字的，而且语言的题材和体裁以及内容要宽泛，来源多样。在日常生活中，尤其是在大中城市，每天都会接触到大量英语。比如文具、衣服、电器等上面就有许多英文，如果教师能利用这些，学生们可能轻轻松松地就会学到许多英语知识。另外，教师还要尽可能多地为学生提供多种形式的输入。

(三) 提高接触语言的频度

学习一门语言，接触语言的频度比长度更重要。英语课程要多开设，打好职业院校学生的英语基础，每周课程应不少于6节，从而提高学生的英语水平。

(四) 强调学生的理解能力

只要学生能理解的，就可以让他们听，让他们读。并且，还可以只要求学生理解，而不必要求他们用说和写的方式来表达。从教学目标来看，对语言技能应该有全面的要求，但是从教学的方法来看，应该先输入、后输出。

为学生提供的语言材料要符合学生的实际情况，要满足可理解性、趣味性与恰当性的要求。当然，仅仅依靠语言的输入是不可能掌握英语、形成综合运用英语的能力的，还需要通过口语和写作来检验和促进对语言的输入。在增加可理解的语言输入的同时，还要多组织有效的实践活动，这些实践活动应包括一定的模仿练习。学习语言的确需要模仿，问题的关键在于如何模仿和模仿什么。如果只是机械地模仿，只注意语言的形式，就不能保证学生能在生活中真正地使用语言。比如只是要求学生注意语音、语调的准确性，只要求其死记硬背句型结构，而没有使学生真正地理解这些句型结构所表达的含义，学生就不能在课外灵活地使用。模拟生活中的真实情境，注意语言结构所表达的内容，这种模仿才是有效的。尤其是在结对练习、小组练习的时候，让学生根据实际情况使用英语，从而真正地掌握它。英语教学的研究人员还提出，不仅要有“可理解的输入”，还要有“可理解的输出”。

第二节　高职英语教学的目标

一、帮助学生理解英语

“教师使学生懂英语”这个过程仍然是一个使能过程，但不是使学生掌握技能和学习本领，而是使学生动脑筋，学习语言知识。学生的学习过程不是一个行为过程，而是一个心理过程，教学的中心仍然是学生。在这个过程中，学生是中心，是关键的参与者，而教师只是帮助者和使能者。但是，在此学生不是学会做事，而是要拓展思维活动，获得新的知识。教师的任务是提供学生需要的一定量的知识，这里需要考虑的是“知识”一词。学习语言通常有两种方式：学习语言和学习有关语言的知识，在此，“知识”纯粹是有关语言的特点和运用的知识，掌握语言知识也可以称为懂英语。这意味着学习英语既表示学会有关语言的知识，也表示学会说这种语言。这两种解释实际上代表了两种不同的教学模式。对于第一种模式，学习知识只让学生理解和记忆即可，而不必让学生进行实际的操练和实践，重点是心理活动。对于第二种模式，学生不仅要理解和记忆所学的知识，还要学会实际的语言运用技能，学会将所学的知识运用到实际的语言交际中去。同时，还要学会在一定的文化语境中，即在目标语文化中，从事所要进行的交际活动，掌握语言所要完成的交际功能以及所要运用的语言知识。这样，教学的目标可以分为两种：使学生学会有关语言的知识和使学生会讲这种语言。

二、帮助学生学会英语

“教师使学生学英语”，在这一教学过程中，学生学习英语，教师帮助他们达到目的。学生是行为者，是教学的中心；教师是使能者，可以采用各种手段来帮助学生学习英语。例如，可使用各种各样的现代化技术和设备来帮助学生学习。在这种教学模式中，教师首先考虑的是学生，而他们自己的角色就是指导和帮助学生。但现在我们没有考虑学生的任务是什么性质、什么样子的，只是想当然地认为学生应该如何学习，也就是说，没有对教学目标进行限定。从教学方法和程序上讲，教师把教学的主体变成学生，教师的角色只是帮助学生达到学习目的，应该说这是一个很大的进步。但这个过程提出的是一种方法，并没有提出教什么。教师可以让学生自己学，由被动变主动，在此基础上考虑学什么和达到什么目标：这个教学过程的目标是使学生学会英语。

以上所讲都是物质层面的过程，也就是说，教学的过程被看作一种行为和动作，是做事情，是完成任务，等等。

三、发展学生的意义潜势

“教师使学生成为讲英语的人”，在此，教学过程被看作一个关系过程。教师仍然是使学生能够做某件事情（讲英语）的人，但他不仅仅是使学生能够做某件事情，而是使学生成为一个能讲目标语的人。语言被视为一个“潜势”，称为“意义潜势”。教学的目的是使学生掌握这一潜势，使学生会用语言来表达意义。这显然既包括使学生掌握有关语言的知识，也包括使学生掌握语言表达的能力，学会用所学的语言说话。

教学过程主要被看作一个物质过程，是一种活动，主要参与者是学生和教师。这个过程中，教师所起的作用是不同的，他可以作为控制者和行为者，学生是目标，也就是说，学生只能被动地接受教师传授给他的任何教师认为重要的东西。教师也可以作为训练者，做教练，让学生做一系列的活动和动作。教师是指挥者和指导者，学生是活动的进行者，是行为者。教师还可以是使学生做事情的人，他组织学生从事一系列学习活动。从这个角度来讲，这几种模式有一个共同点，就是教师的作用越来越趋于向背景移动，而把主要角色让学生来承担，学生成为教学活动的主角和中心。这是现代语言教学理论和方法发展的趋势。

四、跨文化交流能力的培养

随着英语教学改革的深入，培养学生交际能力的意识越来越深入人心。但在英语教学实践中却发现，尽管教师在培养学生听、说、读、写等语言技能方面花费了大量心血，但教学效果并不明显。通过分析就会发现，现行的围绕听、说、读、写、译等语言技能训练所编的教材及所采用的教学方法存在一定问题。严格地说，目前职业院校英语教学还没有突破语言知识的掌握和语言技能训练的条条框框，学生学到的更多的是语言表面的知识。因此，许多人认为，英语教学仅仅重视语言技能的训练是不够的，还必须注重对交际能力的培养。实践证明，语言技能的训练不能自然生成交际能力，交际能力的形成除了语言因素外，还有社会文化能力、语境能力、行为能力等诸多要素。因此，要想培养学生的交际能力，英语教学除了传授语言内容和进行语言技能的训练外，还必须努力对学生进行跨文化条件下语言能力、语用能力等的专门培养和训练，以提高学生在特定的社会文化情境中的跨文化交流能力。

培养学生的跨文化交流能力是英语教学的最高目标。英语教学的过程实际上是一种文化适应的过程，一方面，它要求学生把目标语文化，也就是英语文化与自身现有知识进行等值条件下的转换；另一方面，又要无条件但又积极地理解、吸收与本国文化不同的信息。由于英语与汉语的巨大差异，学习英语不可避免地会遇到文化差异造成的障碍和困难。为了消除这种障碍，英语教学就必须强化文化教学，即在教学过程中，相应地进行英语语言文化教学。从英语教学的角度来讲，教授语言知识和培养语言技能是前提和基础，而跨文化交流能力的培养是前者的深化和提高；前者是手段，后者是目标。

通过对以上几种教学目标的分析和比较可以发现，英语教学中的目标可以是帮助学生理解英语、帮助学生学会英语、给学生传授语言知识、训练学生的英语技能、发展学生的潜质，但英语教学的主要目标是教授掌握英语的技能。英语知识的学习只是辅助的，有利于促进英语学习，但不能代替英语技能的训练。英语教学的较高目标模式应是综合性的、以发展学生的意义潜势为主，但最高目标应是培养学生的跨文化交流能力。

第二章　高职英语教学的基础理论

第一节　高职英语教学的理论概述

一、语言功能理论

语言是在完成其功能中不断演变的，语言的社会功能会影响到语言本身的特性。具体来说，语言功能可以分为以下三种。

1. 微观功能

微观功能是儿童在学习母语的初级阶段出现的，它包括以下七种功能。

(1) 个人功能

个人功能指儿童可以运用语言来表达自己的感情、身份或观点看法。

(2) 规章功能

规章功能指儿童可以通过语言来控制他人的行为。

(3) 想象功能

想象功能指儿童可以运用语言来创造一个幻想的环境或世界。

(4) 启发功能

启发功能指儿童可以通过语言来认识和探索周围的世界，学习和发现问题。

(5) 工具功能

工具功能指儿童可以通过语言来获取物，满足其对物质的需求。

(6) 相互关系功能

相互关系功能指儿童可以通过语言与他人进行交往。

（7）信息功能

信息功能指18个月大的幼儿可以通过语言向别人传递信息。信息功能是在儿童成长后期掌握的。

需要指出的是，在儿童语言中，一句话只有一种功能而不会出现多种功能，随着儿童语言逐渐向成人语言靠拢，功能范围逐渐缩减，这些微观功能就让位于宏观功能。

2. 宏观功能

相对于微观功能，宏观功能更为复杂、丰富和抽象。它是儿童由原型语言向成人语言过渡阶段出现的语言功能。宏观功能包括以下两类。

（1）实用功能

实用功能源于儿童早期微观功能中的工具功能、相互关系功能和控制功能。它是指儿童将语言视为做事的工具或手段。

（2）理性功能

理性功能是由儿童早期微观功能中的个人功能、启发功能等演变而来的。它是指儿童将语言视为学习知识和观察事物的途径和方法。

宏观功能是早期儿童语言功能的过渡期，它和微观功能、纯理功能存在功能上的延续性，这反映了人类语言为数不多的几种功能却可被运用于多种社会场合，同时也反映了人类在运用语言的过程中创造语言的必要性。

3. 纯理功能

纯理功能在功能语言学派中影响巨大。纯理功能包括以下三种。

（1）人际功能

人际功能是指语言具有表明、建立和维持社会中人的关系的作用。通过此功能，讲话者能通过某一情境来表达自己的推断、态度，并对别人的态度、行为造成影响。

（2）语篇功能

语篇功能是指语言具有创造连贯的话语或文章的功能，这些话语和文章对语境来说是切题和恰当的。语篇是具有功能的语言。

（3）概念功能

概念功能是指人们通过语言将自己的内心世界和现实世界的经历进行表述的功能。语言的概念功能是指人们以概念的形式对其经验加以解码，并对主、客观世界发生的人、事、物等因素进行表达和阐述。

几乎每个句子都能体现语言的人际功能、语篇功能和概念功能，并且这三种功能经常同时存在。

二、二语习得理论

20 世纪 70 年代，美国语言教育家克拉申针对第二外语的习得提出并发展了二语习得理论。该理论是最具争议的二语学习理论之一，共包括以下五个部分。

1. 习得—学习假设

“学习”和“习得”不同，它们是培养外语能力的两种途径。“学习”是学习者通过课堂学习等方式有意识地掌握语言语法规则的过程；而“习得”是学习者在无意识的状态下形成并掌握语言能力的过程，是一种类似小孩子学习母语的过程。

语言学习只能监控和修正语言，却不能发展交际能力，外语应该通过习得来获取。另外，习得能够发展交际能力。

2. 自然顺序假设

一种语言的语法规则或结构是按一定的、可以预知的顺序习得的，这种情况也适用于第二语言（外语）的学习。

3. 输入假设

理想的输入应具备以下四个特点：

首先，应具有足够的输入（i+1）。i+1 是克拉申提出的著名公式。其中，i 代表习得者现有的水平，+1 表示语言材料应略高于习得者目前的语言水平。这意味着，只要习得者能理解输入的材料，且达到了一定的量，就意味着已经自动有了这种输入。

其次，应具有可理解性。输入的语言必须可以理解，不可理解的输入对学习者不仅无用，而且还会损害学生学习的积极性。可理解性的语言输入是语言习得的必要条件。

再次，既有趣，又有关联。趣味性与关联性可以增强语言习得的效果。

最后，应按照非语法程序安排。在语言习得的过程中不必按语法程序安排教学活动，重要的是要有足够的可理解的输入。

按照克拉申的外语教学理论，外语教学时应尽量向学生提供可理解的语言输入，教师应使用一切手段来增加语言输入的可理解性。

4. 监察假设

有意识地学得（知识或规则）只能起到监察的作用。这种监察作用可以发生在写或说之前或之后。需要指出的是，学得的监察作用必须具备以下三个条件才能发挥作用：有足够的时间；知道规则；注意语言形式。此外，这种监控作用在不同的语言交际活动（如口头表达与书面表达）中会导致不同的交际效果。

5. 情感过滤假设

"情感"指学习者的动机、需求、信心、忧虑程度以及情感状态。这些情感因素会对语言的输入起到促进或阻碍的作用，因而又被视为可调节的过滤器。

根据情感过滤假设，外语学习者的积极情感态度有助于更多地输入目的语，而消极情感态度则会过滤掉很多的目的语。因此，教师还应避免施加压力给学生，要努力营造一个轻松愉快、自由自在的学习氛围。

三、输出假设

语言输入是实现语言习得的必要条件，但是除了这一必要条件还需要其他的条件，也就是说，若使学习者的英语学习达到较高的水平，除了对其进行可理解的输入外，还需要考虑学习者可理解的输出。

学习者需要充分地理解并有效地运用既有的学习资源，将其准确、合理地输出在这一过程中，学生的语言水平才能得到较高程度的提升，也才能在不断输出的过程中意识到自己在语言表达方面所存在的问题。在英语教学实践中，教师应该尽可能地给学生提供充足的语言表达与运用的机会，不断地培养和提高学生语言表达的准确性和流利性。语言输出的作用主要体现在以下几个方面：

第一，检验自己所提出的假设是否正确，是否具有一定的可行性。

第二，使学习者侧重把握语言形式。

第三，让学习者能够有意识地进行自我反思。

输出假设对英语教学有一定的启示。当英语教师意识到语言输出活动对语言学习的重要性之后，就会对此设计一些交际性的口头或笔头的语言实践活动来进行教学，如让学生复述、小组讨论、组织辩论等。在编写教材的过程中也会侧重添加一些实际性的语言输出活动，如角色扮演、针对某一话题发表不同意见和见解等。

第二节　高职英语教学的构成因素

一、教师

教师既是教学活动的组织者，也是影响教学效果的最重要变量之一。教师的主导作用是在与学生的交往中得以实现的。教师在教学过程中，除了要充分发挥自身的主导作用，更要注重自身素质的提高。一名合格的英语教师应该具备以下三个方面的基本素质。

（一）专业素养

教师专业素养包括如下几个方面。

1. 综合教学能力

综合教学技能是指在英语教学中所需要的语言本身之外的教学能力，主要包括书写、唱歌、绘画、制作、表演等。较强的综合教学技能要求如下：能写，即书写字迹工整规范；能唱，即能够结合学生学习的进程编写、教唱学生喜爱的英文歌曲；会画，即会画简笔画，并能运用于教学中；会制作，即能够设计制作适用于教学的各种教具，包括幻灯片、录像、电脑软件等；善表演，即能够充分利用体态语，以丰富的表情、协调的动作表达意义或情感，做到有声有色。

2. 系统的教学理论知识

系统的教学理论知识也是英语教师必须掌握的。所谓系统的教学理论知识，是指教师除了要具备教育学、心理学理论以外，还要掌握英语教学理论知识，这主要包括现代语言知识、英语习得理论知识和英语教学法知识等。

3. 较高的语言水平

较高的语言水平是一名英语教师的基础，主要包括扎实的语言专业知识和较强的语言技能。教师不仅要具备系统的英语语音、语法知识，还要具备较大的词汇量，同时要具有良好的听、说、读、写能力。较高的语言水平是开展教学活动的基本保障，教师只有具备较高的语言水平，才能全面地掌握教材，才能向学生传授英语语言知识，培养学生的英语语言技能。

4. 英语教学的组织能力

英语教学的组织能力主要指教师动员和组织学生集体进行学习的能力。这一能力主要表现在教师有效地掌握课堂、有效地动员学生积极参加学习等方面。在有效掌握课堂方面，教师要做到以下几点：注意教材内容、自己的言语和言语表达；注意学生理解和表达的正确性，包括语音、语法、词汇及思想表达等方面的内容；注意课堂情绪和纪律；注意掌握学生的注意力。做到以上几点，教师才可以使课堂教学井然有序。

要想有效动员学生积极参与学习，教师需要具有一定的创造性。教师一进课堂就会进入一种创造性的境界，思维活跃，能够很容易地自由运用知识技能，从而使学生得到有力的感染，愿意全身心地投入教师引导的学习活动中。教师流利的英语本身就是动员学生的一种力量，教师发音要清晰、准确、流利，内容易懂、明确，还要能根据学生的语言水平来组织自己的语言，使用学生学习过的词汇和语法结构。

5. 传授和培养英语知识技能的能力

（1）教师要善于讲解

讲解是所有教师所必须具备的最主要、最基本的工作能力。一名合格的教师要善于将复杂的教学内容变得通俗易懂，能够深入浅出地进行讲解。为此，教师不仅要充分了解学生的心理、生理特点以及学生的英语水平，还要认真细致地做好备课，并且要根据不同的内容选择适当的讲授方法，在讲解的过程中还要做到重点突出。

（2）教师要善于示范

英语教学既要传授知识，又要培养技能。学生语言技能的训练包括发音、书写、朗读、说话，这些都需要教师进行示范，然后学生对教师的示范进行模仿。教师要将示范和讲解相结合，用示范配合讲解，或者用讲解来突出示范中的重点，做到示范正确、标准。由于示范是为了让学生进行模仿，因此还要与学生的实践相结合。

（3）教师要善于提问启发

向学生提问是英语教学的重要手段，教师要善于使用这一手段。例如，在讲授新知识之前通过提问来复习旧知识；用提问检查与复习讲授的内容。使用提问教学手段时教师要注意两点：提出的问题要适合学生的实际水平；提问要注意调动全班学生的积极性。

（4）教师要善于引导学生进行练习

语言技能的培养需要大量的语言实践，如语音练习、语法练习、口语表达练习、听力培养练习、阅读练习、写作练习等。教师要熟悉各种练习形式的作用，并在英语课堂教学中引导学生进行各种练习活动，有效培养学生的语言技能。

（5）教师要善于纠正学生言语中的错误

英语学习是一个逐步进步的学习过程，在这个过程中难免会出现错误。有些错误是学生可以自行改正的，教师对此类错误不必纠正；而对于有些必须纠正的错误，教师也应该有策略、有技巧地进行纠正。哪些错误需要纠正，哪些错误不需纠正，在何时纠正，如何纠正，都反映着教师的教学实践素质。

6. 具有较强的科研能力

以往的英语教学只要求教师具备一定的语言水平和教学水平。但是随着时代的发展，教育对教师提出了新的要求，教师除了语言水平和教学水平外，还要具备较强的教育科研意识和科研能力。

一名优秀的英语教师不仅是教学的实践者，还应该是科研的参与者，是英语教学与学习规律的研究者。教师应该结合自己的教学经验和教学实践，通过不断调查研究教学实践过程，分析总结经验，改进教学，并将其中成功的经验上升为新的理论，丰富我国的英语教学实践，促进我国英语教学的发展。

（二）师德素养

师德是教师最重要的素养，也是教师从事教育教学活动的动力源泉。师德决定着教师对学生的热爱、对事业的忠诚、对教学执着的追求和对人格的塑造。同时，师德还直接影响着学生的成长。因此，英语教师必须具有坚定的理想信念，具有科学的世界观、人生观、价值观，具有忠于人民的教育事业的敬业精神，具有热爱学生、关心学生、全心全意为学生的服务精神。教师只有自身真正懂得奉献、体现公正、具有责任感，才能言传身教。

（三）人格素养

人格素养是教师素养的综合体现。“学高为师，身正为范”概括了教师的职业特征和专业特征，同时也概括了对现代英语教师人格塑造的要求。一名优秀的英语教师应具有高尚的道德品行，令人愉快的个人性格，宽容、谦逊、好学的品质，正确的自我意识，良好的心理素质，幽默的语言表达，和谐的人际交往，端庄的仪表风度，崇高的审美素质，积极耐心的工作态度以及丰富的知识经验，等等。这些方面并不是孤立的，而是相互联系、相互影响的。

二、学生

学生是英语课堂教学的主体和中心。每个学生都是独特的个体，他们之间存在着各种差异，这些差异尤其体现在语言潜能、认知风格、学习动机、学习态度以及自身性格等方面，而且这些差异使他们理解和掌握新知识的速度和程度不尽相同。这里重点分析一下学生在各方面存在的差异。

（一）语言潜能差异

语言潜能是学习英语所需要的认知素质，或是学习英语的能力倾向，它是一种固定的天资。努力提高学生英语素质就是要培养学生的综合语言运用能力，而语言潜能正是就学生的认知素质来预测其学习英语的潜在能力。外语学习能力应包括以下几种：

第一，语音编码、解码能力，即关于输入处理的能力。

第二，归纳性语言学习能力，它是有关语言材料的组织和操作能力。

第三，语法敏感性，它是从语言材料中推断语言规则的能力。

第四，联想记忆能力，它是关于新材料的吸收和同化能力。

不同学生的语言潜能存在着差异。在教学过程中，教师应了解学生的语言潜能进而因材施教，使之针对不同的学习任务在不同场合发挥各自的长处，以收到事半功倍的效果。

（二）认知风格差异

认知风格是指人在信息加工（包括接收、储存、转化、提取和使用）的过程中，表现出来的认知组织和认知功能方面的持久一贯的风格，它既包括个体知觉、记忆、思维等认知过程方面的差异，也包括个体态度、动机等人格形成和认知功能与认知能力方面的差异。不同的学习个体有不同的认知风格。应该说，不同的认知风格各有其优势和劣势，但这并不代表学生的学习成绩有差别。学生之间可以有各自偏爱的信息加工方式，在学习不同材料时也会各有所长。当学生的认知风格与教师的教学风格、学习环境中的其他因素相吻合时，其学习成绩会更好。因此，教师应了解并尊重学生不同的认知风格类型，针对不同的学习任务和学习环境因材施教，妥善引导，使自己的教学特点与学生的需要有机联系，进而取得良好的教学效果。

（三）情感因素差异

情感因素方面的差异主要涉及以下几个方面。

1. 学习动机

学习动机是指激发个体进行学习活动，维持已引起的学习活动，并使行为朝向一定的学习目标的一种内在过程或内部心理状态。学习动机是直接推动学生进行英语学习的内部动力，是影响英语学习成绩的一个关键因素。学习动机来源于学习活动，也是学习活动得以发动、维持、完成的重要条件，并由此影响学习效果。

2. 性格

性格是指一个人对现实的态度和行为方式表现得比较稳定但又可变的心理特征，是学生的重要情感因素，也是决定其英语学习成功与否的关键因素之一。人的性格大体可以分为外向型和内向型两种。外向型的学生有利于交际方面的学习，因其喜欢交际，不怕出错，能积极参与英语学习活动，并在活动中寻求更多的学习机会；而内向型的学生在发展认知型学术语言能力上更占优势，因其善于利用沉静的性格从事阅读和写作。对教师来说，研究学生性格差异的最终目的是充分了解学生的个体差异和不同的心理状态，发挥不同性格学生的优势，因材施教，以获得更理想的教学效果。

3. 态度

态度是指个体对待他人或事物的稳定的心理倾向或为达到某种目的而做出的一定努力，是影响英语学习的重要因素之一。态度包括三个方面：情感成分，即对某一个目标的好恶程度；认知成分，即对某一个目标的信念；意动成分，即对某一个目标的行动意向以及实际行动。一般来说，对其他文化抱有好感，渴望了解其历史、文化和社会习俗的学生，对其文化与语言会持积极的态度，这样就可以获得良好的学习效果。反之，如果对某文化抱有轻蔑、厌恶甚至仇视的态度，则很难认真了解该文化并学好语言。此外，学生对学习材料、教学活动的组织形式及对教师的态度，都会影响他们英语学习的效果。

对学生个体差异的分析是为了使教师能够根据学生的个体差异制订教学计划，选择适合的教学材料和方法，具有重要的实践意义。

三、教学内容

教学内容是连接学生和教师之间的桥梁，也是教学实践中不可或缺的一个重要构成因素。所谓教学内容，就是指在教学活动中为实现教学目标，师生共同作用的知识、技巧、技能、思想、观点、概念、事实、问题、行为习惯等的总和。教学内容是一种特殊的知识系统，既不同于语言知识本身，也不同于日常经历；既要考虑学科本身的知识体系，又要考虑学生的年龄特点和实际需求等。一般来说，教学内容包括以下几个方面。

（一）语言知识

基础英语语言知识是综合英语运用能力的有机组成部分，是语言学习和语言运用的重要内容之一。没有扎实的语言知识，就不可能具有较强的语言能力。

（二）语言技能

听、说、读、写是学习和运用语言必备的四项语言基本技能，是他们形成综合语言运用能力的重要基础和手段。听是分辨和理解话语的能力；说是运用口语表达思想、输出信息的能力；读是辨认和理解书面语言的能力；写是运用书面语表达思想、输出信息的能力。学生通过大量听、说、读、写的专项和综合性语言实践活动，形成这四种技能的综合运用能力，为真实语言交际奠定基础。

（三）情感态度

所谓情感态度，是指兴趣、动机、自信、意志和合作精神等影响学生学习过程和学习效果的相关因素，还有在学习过程中逐渐形成的祖国意识和国际视野。在教学中，教师应不断激发并强化学生的学习兴趣，引导他们逐渐将兴趣转化为稳定的学习动机，树立自信心，磨炼克服困难的意志，认识学习的优势与不足，乐于与他人合作，养成和谐和健康向上的品格。

（四）文化意识

在英语教学中，文化指所学语言国家的历史地理、风土人情、传统习俗、生活方式、文学艺术、行为规范、价值观念等。对学生来说，接触和了解英语国家文化有利于学生对英语的理解和使用；有利于加深对本国文化的理解与认识；有利于提高人文素养，培养世界意识。因此，教师在教学中要主动向学生渗透文化意识，根据学生的年龄特点和认知能力，传授文化知识，培养文化意识和世界意识。

（五）学习策略

学习策略是指学生为有效地学习和发展而采取的各种行动和步骤。英语学习的策略包括认知策略、调控策略、交际策略和资源策略等。培养学习策略有助于学生有效学习英语，为终身学习奠定基础。使用有效的英语学习策略，可以改进英语学习方式，提升学习效果，还可以让学生学会如何学习，从而培养学生的终身学习能力。因此，教师要有意识地帮助学生形成适合自己的学习策略，对自己的学习过程和效果进行监控和反思，培养学生根据学习风格不断调整学习策略的能力，引导学生观察他人的学习策略，与他人交流学习体会，尝试不同的学习策略。

教材是教学内容的重要载体。在新课程改革中，教材是重要的教育教学因素。教材是教师用来教学的材料，也是学生用来学习的材料。简单地说，教材是为教师的教和学生的学服务的，是课堂的必需要素。因此，在教学过程中，教师应灵活处理不同的教材，在课上或课下询问学生的感受，及时调整教学的方法和进度。

四、教学环境

任何教学活动都是在一定的教学环境中进行的，教学环境是教学活动的基本要素之一，是开展教学活动的依托。同样，英语教学也必须在现实的英语教育环境中进行，所以英语教育受制于环境这一因素。

（一）教学环境的构成要素

英语教学环境是指英语教学赖以进行的实际条件，即能稳定教学结构、制约教学运作、促进个体发展的教育条件和环境因素。环境因素是制约和影响英语教学活动和效果的外部条件。教学环境主要由以下几个要素构成。

1. 学校环境

学校是为学生提供学习场所和学习手段的最佳环境，它对英语教学的影响更为重要和直接，决定着绝大多数学生英语学习的成败。学校环境主要包括课堂教学、接触英语时间的频率、班级的大小、教学设施、教学资料、英语课外活动、英语教师及其他教职工对英语的态度、校风班风和师生人际关系等。

2. 社会环境

社会环境是影响和制约英语教学过程的重要因素，它主要指社会制度、国家的教育方针、英语教育政策、经济发展状况、科学技术水平、人文精神、社会群体对英语学习的态度以及社会对英语的需求程度等。社会环境因素是英语教学向前发展的动力，对英语教学具有重要的导向作用。

3. 个人环境

个人环境主要包括学生的家庭成员、同学、朋友的社会地位，物质生活条件，文化水平，职业特点和对英语学习的态度、经验、水平及学习方式，成员之间的关系及感情，学生的经济状况，拥有的英语学习设备和用具等。个人环境也会对学生的英语学习产生一定程度的影响。

(二) 教学环境对英语教学的意义

成功的英语语言学习活动离不开其得以存在、发展、交流、应用的各种环境因素。教学环境潜在地影响着教学活动的效果，是学生学习活动赖以进行的主要环境。教学环境对英语教学的意义主要表现在以下几个方面：

第一，促进教师在教学中更加努力地创设良好的英语课堂教学环境，充分利用现代化教学手段与教学资源，优化教学环境，提高学生对英语的运用能力。

第二，帮助教师正确认识环境对学生英语学习的客观影响，结合中国的英语教学实际，理性地分析、判断和选择外国的英语教学理论和教学方法。

第三，帮助教师有效地加工语言输入材料，科学地设计语言练习，创设良好的课堂英语使用环境。

第四，有利于教师在不断学习和实践优化课堂教学环境的策略、创设良好的英语教学环境的过程中，提高其自身的教学素质。

五、教学方法

语言教学教无定法，贵在有法。在英语教学历史上有多种教学方法都曾经发挥过重要作用，有效地促进了英语教学的发展。例如，翻译法、直接法、自觉对比法、听说法、视听法、认知法、功能法，以及由此派生出来的口语法、全身反应法、自然法、沉默法、暗示法、交际法等。但是，实践证明，没有哪一种教学方法是最好的、最有效的，也没有哪一种方法适用于所有时期、所有地区、所有教学内容。如果一个教师在英语教学中，采用一成不变的教学方法，必然会使学生感到厌烦。而且，不同的教学方法对不同的语言知识、语言技能各有侧重，只有综合、灵活地运用各种教学方法，才能有效促进学生英语能力的提高，才有利于学生英语水平的全面发展。

在英语教学中，教师应该注意无论使用什么样的教学方法，都必须以学生的语言交际作为教学的出发点，尽量将教学与日常实际生活结合起来，鼓励学生有创造性地、有目的地运用已学语言材料，在新的生活场景中重新组织语句，表达自己的感情。同时，教师应力求使教学过程交际化，教材内容选自真实生活中的自然交际，适合学生的年龄，对处于不同阶段的学生采取不同的教学方法。

第三节　高职英语教学遵循的原则

一、循序渐进原则

英语教学的循序渐进原则主要包括以下三层含义：

第一，语言的学习应从口语开始，然后逐渐过渡到书面语。英语包括两种形式：口语和书面语，且口语早于书面语出现。与书面语相比，口语词汇通常较为常用，句子结构简单，学习起来比较容易。学生通过口语的学习可以尽快地获得交际技能，满足日常交际的需要，这样就达到了学用结合的目的。

第二，就听、说、读、写等语言技能的培养而言，教师应该首先侧重培养学生的听说能力，逐渐过渡到读写技能的培养上。听、说、读、写是英语的四项基本技能，应该全面发展，但是在不同的阶段，侧重点应有所不同。听说教学能使学生掌握基础的语言知识，包括语音、词汇、句子结构等，这为读写能力的培养奠定了基础。因此，在英语学习的初级阶段，教师应加强“听、说”的教学，然后再逐步向“读、写”教学过渡。

第三，英语语言知识、语言技能以及使用语言的能力的完成与提高是一个循序渐进的过程。学习英语是一个螺旋式发展的过程，需要反复地循环，但这种循环并非单一地重复，每一次重复在难度和深度上都有所提高。此外，循环往复要求教学中要做到以旧带新，从已知到未知。因此，教师应以学生已有的语言知识和已熟悉的语言技能为出发点，传授新的知识，培养新的技能。

二、输入优先原则

英语教学要坚持输入优先原则。所谓输入和输出，是指学生通过听和读接触英语语言材料以及通过说和写来进行表达。语言输入的量越大、质量越好，语言输出的能力就越强。可见，输入是输出的基础。

外语学习中对待语言输入的三个方面特点的总结和归纳如下：

①可理解性，指对所输入语言材料的理解。

②趣味性和恰当性，指学习者对所输入的语言材料要感兴趣。

③足够的输入量。

在英语教学中坚持输入优先原则要注意以下几个方面：

第一，注重输入内容和输入形式的多样化。输入形式可以包括声音、图像、文字等，语言题材和体裁要内容广泛、来源多样。例如，利用在日常生活中每天都会接触的文具、衣服、道路标志、电器等就可以帮助学生在潜意识中学到许多英语。

第二，教师可以通过视听、听和读等多种手段，尽可能多地让学生接触英语，多给学生可理解的语言输入。教师应该打破课内外的界限，利用声像材料的示范和贴近学生日常生活和学习、适合学生的英语水平、具有时代特色的读物等，扩大学生的语言接触面，增加学生的语言输入，以利于学生更好地学好英语。

第三，着重强调学生的理解能力，为学生提供的语言材料要切合学生的实际情况，具有可理解性与趣味性。向学生输入的材料要符合学生的现有水平，只要求学生理解，不必刻意要求学生即刻输出。从教学方法方面而言，这也坚持了先输入、后输出的原则。然而仅依靠语言的输入不可能掌握英语并形成综合运用英语的能力，还需要适当的口头和笔头的表达来检验和促进语言的输入。

第四，鼓励学生模仿。有效的模仿是模拟生活中的真实情境，注意语言结构所表达的内容。换句话说，模仿最好是让学生身临其境地去使用所要模仿的语言。例如，在结对练习、小组练习的时候，让学生根据实际情况使用所学习的语言，如此才能把声音和语言的意义结合起来，学生才会在课外运用所学语言。模仿是在优先输入语言的基础上，对语言进行的有效练习和输出实践。

三、兴趣性原则

在英语教学中，教师应意识到兴趣的巨大作用，尽可能调动学生的内在动机，激发学生对英语学习的主观愿望，以获得更好的教学效果和学习效果。在英语教学中，教师可从以下几个方面入手来调动学生的学习兴趣。

第一，尊重学生的主体性，充分了解学生的特点。教师必须清楚地认识到学生是英语课堂的主体，学生只有通过积极主动地尝试与创造，才能获得认知和语言能力的发展，教学活动也才能达到预期的效果。教师要根据学生的心理和生理特点，遵循语言学习规律，采用多种教学方式，让学生通过体验和实践进行学习，从而形成语感，提高交流能力。

第二，改变强调死记硬背、机械操练的教学方式以及传统的英语测试方式。英语学习需要一定的死记硬背和机械操练的活动，但是如果机械性操练太多，则很容易使学生降低甚至失去学习英语的兴趣。为此，教师应该以学生感兴趣的方式帮助学生获取知识，使他们在获得交际能力的同时，综合素质也得到相应提高。

第三，对教材进行深度挖掘。教师在备课过程中，应认真地研究教材，挖掘教材中学生感兴趣的内容与话题，使每节课都有让学生感兴趣的内容和活动，以最大限度地调动学生的积极性。

四、系统性原则

在英语教学过程中要遵循系统性原则，目的是使学生对所学内容能有比较系统、完整的概念，在各部分知识之间和新旧知识之间建立有机的联系，在消化所学内容时思路清晰且有层次。具体来说，系统性原则主要涉及以下几点。

（一）系统安排教学工作

英语教学工作的安排要有计划性，要求做到以下几点。

第一，教师要有计划地备课。例如，一篇课文要上八课时，在备课时要一下子备完，不能今天上两节课就备两节课的内容，要一次备好。

第二，教师的讲解要逐步深入、条理分明、前后连贯、新旧联系、突出重点，一环套一环，一课套一课，形成一个有机而系统的体系。

第三，教学的步骤和培养技能的方法应该符合掌握语言的过程。要根据课程的最终教学目的，由易到难，逐步提高要求。

第四，练习布置要具有计划性。要先进行训练性练习，然后再进行检查性练习。此外，练习的形式要具有体系性，相同的练习形式也要有不同的要求。

第五，布置家庭作业和讲课的重点应当密切结合。每次作业都要有明确的目的，课内课外要通盘考虑。

第六，要经常检查学生掌握知识和技能的情况，每堂课要有一定的提问并进行记录，这可以对学生起到督促的作用。对于学生的平时成绩不能仅凭教师的印象来评定，因此平时对学生所做的口头、笔头作业要有记录。

（二）系统安排教学内容

英语教学内容的安排要有严密的计划和顺序。例如，低年级英语教材教学内容的安排基本上应是圆周式的，对系统不要机械地去理解，切忌搬用科学的系统。教师应该按教科书的安排特点和班级的情况合理组织讲课的内容，确定讲课的重点。当出现一个生词时，不要急于一次把这个生词的所有意义、用法全部教给学生，当教授一条新的语法规则时，不要一次向学生交代有关这条规则的全部知识，而要将知识分步教给学生，这样才能由浅入深、由易到难、由分散到系统。

（三）系统安排学生学习

教师要指导学生进行连贯的学习。学习要循序渐进，要经常、持久、连贯。因此，教师在教育学生时要有恒心，经常并及时地带领学生复习和做好功课。此外，教师还要指导学生正确处理好日常学习和期末复习的关系，要明确指出，将学习重点放在平时。此外，教师还要经常关心和指导学生的学习方法，并针对学生的个人特点因材施教。

五、真实性原则

在英语教学中，坚持真实性原则就是要在教学各个环节上做到真实，以培养学生综合语言运用能力为总目标，以交际法和任务型教学为策略，在真实环境中获得真实语言能力。语用真实是真实性原则的重要内涵。

在英语教学中，教师要实现语用真实，应做到以下几个方面。

（一）把握真实语言运用的目的

英语教学的最终目的是培养学生的综合语言运用能力，这种能力实际上就是一种语用能力。这里的语用并不是语用概念，而是指教学内容体现在语用能力方面的教学目的，主要表现在语句的语用功能目的、对话语篇的语用功能目的和短文语篇的语用功能目的。

（二）采用语用真实的教学内容

在教学开始之前，教师应从语用的角度对课文进行详细全面的分析，研究语句使用的真实语境，准确把握课文中所有语句的真实语用内涵，选用语用真实的例句与练习，这样就可以在教学前就指向语用教学，从而保证学生能够获得语用真实的英语运用能力。

（三）设计组织语用真实的教学活动

对学生语用能力的培养应贯穿于整个英语教学过程，因此教师应基于语用真实的指导思想来设计教学活动，将语用能力的培养与呈现、讲解、例释、训练、巩固等课堂教学活动紧密结合起来。

（四）设计语用真实的教学检测评估方案

教学检测评估对教与学都具有重要的反拨作用。设计语用真实的教学检测评估方案，可以找出学生的语用能力中存在的不足之处，从而对教学进行有针对性的调整与改进。此外，语用真实会引导学生在学习中更加自觉地把握学习内容的真实语用内涵，强化学生运用英语的自我意识。

六、课内外活动相结合原则

在教学实践中，要遵循课内与课外活动相结合原则，主要是因为二者之间存在互补，具体体现在以下两个方面。

第一，课外活动具有自愿性和选择性。学生可以根据自己的兴趣爱好自愿选择参加感兴趣的活动。课内活动一般是非自愿的，也是无法自由选择的，必须按照规定的教学大纲有序进行，一般具有统一的课程和课时，这样可以保证全班同学在相同的教育过程中保持相同的步调，既有利于培养学生个性的共同点，又有利于学生系统地习得语言知识。而课外活动则基本上是以学生的兴趣为主，遵循学生的自愿性进行。

第二，课外活动是真正以学生为中心。由学生独立进行和完成的教学活动，教师只是在有需要的情况下提供适当的帮助，因此课外活动更能发挥学生的主动性和独立性，更能培养学生自主学习的能力。

根据我国高职院校目前的英语教学现状，为了更好地将课堂教学与课外活动相结合，发挥它们的互补作用，就要在优化课堂教学的同时，加强课外活动，具体可从以下两个方面着手。

（一）激发学生在课堂活动中的主体积极性

课堂教学实际上是教师与学生以教学影响为中介的交互作用过程，这个过程能否发挥交互作用，很大程度上取决于学生的主体积极性。因此，如何激发学生的主体积极性就成为贯穿于英语课堂教学始终的问题。

（二）减少课堂教学时间，提高课堂教学效益

就目前我国的高职院校教学来看，课堂时间总量太大、课外活动时间过少是普遍现象。学生的潜能和优势得不到发挥，学生的创造性得不

到锻炼，学生的综合素质无法有效提高。因此，提倡高职院校减少课堂教学时间，增加课外活动时间总量。与此同时，要提高课堂教学的效益，即师生以最少的时间取得最大的教学效果，只有在减少教学时间的同时提高教学效益，才能保证整体的教学质量。

七、合理使用母语原则

在英语教学中，教师应当提倡学生多说英语、多用英语，但这并不意味着不能使用母语。在英语课堂上可以合理使用母语，利用母语优势帮助学生理解学习过程中的难点，这对提高教学效果有利无弊。合理使用母语原则包括在英语教学中利用母语的优势和避免母语的干扰两个方面。

（一）利用母语的优势

教师在英语教学中要学会利用母语的优势，借助汉语对一些词义抽象的单词和复杂的句子加以解释。英语学习是在学生已经熟练掌握母语之后进行的学习实践，学生在英语学习之前对时间、地点以及空间等概念已经形成，已学会了表达这些概念的语言手段，况且英汉两种语言在结构和使用方面也存在许多差异，这些语言文化差异往往会造成学习英语的障碍。因此，利用母语的解释可以帮助学生更快、更好地学习和掌握英语的某些概念。适当地使用母语进行教学，有助于学生理解母语和英语之间的差异，了解英语结构和规则的特点，有助于师生之间顺利沟通和推进对语言差异的理解和消化，从而提高学习效果。

（二）避免母语的干扰

母语交际先于英语第二语言的学习且已基本上被学生熟练掌握。英语的学习是个相当复杂的过程，母语的使用习惯可能会给英语学习带来障碍。在学习英语的过程中适当使用母语，用母语简单讲授英、汉两种语言在某一结构、某一用法上的差异和特点是可以的。但对母语优势的利用一定要掌握一个“度”，避免将母语的使用规则迁移到英语的使用上。如果过多地或一味地使用母语，会在很大程度上给英语的学习带来不利。在英语教学中利用和控制使用母语，要注意以下几个方面。

第一，随着科学的发展、教学方法的改进和现代教学手段的运用，多用母语作为教学手段的效果日益减弱且劣势日益明显。英语教师结合现代化教学设备，运用更加直观的教学手段有更大的创造空间。

第二，在英语教学中，学生对所学英语词句的理解是相对的。理解包括知道这些语言现象及其隐藏在现象后的本质。在初始阶段，没有必要引导学生过分追求本质，这主要是由于英语的很多用法是习惯问题，很多情况用逻辑推理不通。

第三，在英语教学中，教师应控制使用母语，尽量用英语上课。要充分考虑教师运用英语的能力、学生的理解能力和接受效果，教师尽量用教过的英语讲话，也可借助图画、实物、表情、手势等直观手段，还可以将关键词写在黑板上，从而使师生的交际能力在课堂教学中得到有效提高。

总之，英语教学的过程要成为有意识地控制使用母语和有目的地以英语作为语言交际工具和媒介的过程，坚持合理使用母语原则才能更有效地优化教学效果。

八、最优化原则

在英语教学中，最优化原则体现在某一方面知识内容的教学中，在几种教学媒体都可用的情况下，选用教学效果最好的媒体，教法选择最优化，结构安排最优化，角色搭配最优化，具体运用最优化。针对在非母语环境下进行英语教学的现状，努力营造轻松自然的语言氛围，促进语言习得。因此，多媒体软件和课件要便于学习者操作和控制。具体来说，课件的内容、布局、导航图标性能、菜单功能设计以及学习者的自由度，是影响学习者操作和控制课件的主要因素。为了提高学习效率，减少学习者的焦虑感，增强他们的学习兴趣和信心，课件应该从学习者的需要出发，尽可能地使课件方便使用。

九、精讲多练原则

精讲多练原则既肯定了讲和练的作用，又明确了讲和练的地位。讲涉及的是语言知识，练涉及的是语言技能。下面进行具体分析。

（一）语言知识促进语言技能的培养

既然英语教学将交际能力作为培养目标，那么实践性就是英语教学的特点之一。在英语课上必须以语言实践为主，课堂上绝大部分时间要用于实践。但是适当地传授语言知识，可以帮助学生更好地进行实践，提高学习的效果。语言知识讲授的范围、深度、方法和时机，要由语言实践和教学的需要来决定。例如，大家都知道游泳的本领是在水里练出来的，不下水是学不会游泳的，但是在下水之前，教师讲一讲游泳的要领，分解一下游泳的动作，学生在水里练习时就可以进步更快一些。

在初级阶段的英语教学中，教材简单并且每课只包含有限的句型和单词，通过反复练习就能熟练地掌握。本阶段的教学重点是引导学生养成运用英语的习惯和正确的学习方法。语言材料的有限性，使语言知识的讲授对学生的学习没有多大帮助。当英语教学向高级阶段推进，学生需要学习更多的句型和单词时，教师就要引导学生利用单词或句子间的关联来学习，并且从一些语言材料里总结出语法规则。在这一阶段，语言知识的讲授发挥出极大的作用，但还是要注意精讲多练，不能喧宾夺主。

在英语教学的后期，语言知识的讲授有助于培养学生的自学能力。不是所有一切都在规则的统领之下，有时候最常用、最简单的单词，往往具有不合常规的词形变化和发音规则。这就要求学生多模仿教师，教师不要急于引导学生过多地追问为什么。精讲多练是学习英语稳妥而有效的方法，但随着学习进程的推进和学习内容的复杂化，就很有必要通过适当地讲授一些语言知识来发挥思维理解的作用。

（二）语言操练交际化

语言操练并不等于语言交际，前者关注的是语言形式，使学生在语言操练中掌握语言形式；后者关注的是语言内容，使双方达到相互了解的目的。

1．语言操练是交际能力培养的手段

英语教学中的语言操练包括以下三种练习形式：机械练习，如句型操练等；有意义的操练，如围绕课文或情境所进行的模仿、问答、复述等；交际性操练，如联系自己的生活实际，利用课文里的词句叙述自己的思想、表达课文学习后的体会等。这三种练习形式在难度、与语言交际的接近程度都在递进，体现出由操练到交际的进程。英语教学的目的是培养学生的英语交际能力，而不是使学生掌握语言形式。但是培养学生的交际能力，必须借助语言操练这个手段，二者对于英语教学目的的实现都非常重要，缺一不可。语言操练和语言交际相互联系、相互区别，有时没有明显的分界线。教师每次讲授新材料时，都要先进行机械练习，然后进行有意义的练习，再进行交际性练习，使学生最后能运用所学的新材料进行交际。不能把语言操练和语言交际对立起来，而是要看到它们之间的联系，一步一步地将语言操练推向语言交际。

2．将交际场合迁入课堂练习

教师应尽量将交际场合迁入课堂练习，使课堂练习接近语言交际。教师应该创造一定的情境，多给学生一些用英语进行交际的机会，鼓励学生带着表情和肢体动作进行英语交际，要像演戏一样将生活中的交际场合搬进课堂练习。在这个过程的开始阶段，性格严肃的教师和学生可能觉得不好意思，但是随着练习的增多，他们会逐渐习惯这种情况并觉得很自然。教师借助适当的表情、肢体动作进行英语交际，不仅能增加说话的力量，还能够激发学生的兴趣，帮助学生记忆，从而提高教学效果。

3．将交际形式迁入课堂练习

教师应尽量将交际形式迁入课堂练习，使英语课堂教学模拟日常生活中的交际形式，为学生在日常生活中使用课堂上所学的英语创造条件。日常交际形式包括以下方面：问候、打招呼；会话；自言自语；讲故事；对人、物、画面的介绍；请求、命令；解释或说明事物或问题；演说、做报告；作文、写信。英语教学可以采用这些形式的课堂练习，在课堂上将生活里常见的交际形式训练到自然的程度，学生的交际能力就会逐渐提高。

英语课堂的活动包括教师组织教学，讲解单词、课文和语法，布置作业，对学生进行奖评和考核，学生请教师解答疑难问题等，所以教师和学生不缺乏用英语进行交际的机会。教师要努力将所学英语用到师生间的交际中去，积极扩大使用英语的阵地，这样学生运用英语的能力和习惯才能养成。在注意课堂上用英语进行操练的同时，教师还要注意引导学生在课外活动和生活中使用英语。操练服务于使用，使用是对操练的检查和扩展。只有将操练和使用相结合，英语教学的目的才有可能实现。

第三章　高职英语教学的常用方法

英语教学应强调从学生的学习兴趣、生活经验和认知水平出发，倡导体验、实践、参与、合作与交流的学习方式和任务型的教学途径，发展学生的综合语言运用能力，职业院校英语教学尤应如此。在英语教学中，要想增强学生的课堂参与意识，提高学生英语课堂的学习能力，就要营造轻松愉快的教学氛围，提高教学过程的趣味性，采用科学合理的评价机制，使学生产生强烈的学习动机。

第一节　情境教学法

一、概述

情境教学法是21世纪之后逐步在我国盛行的一种现代教学方法。情境教学法是教师根据课文所描绘的情境，创设出形象鲜明的投影图画片，辅之生动的文学语言，并借助音乐的艺术感染力，再现课文所描绘的情境表象，使学生如闻其声，如见其人，仿佛置身其间，如临其境；师生就在此情此景之中进行着的一种情景交融的教学活动。因此，“情境教学”在培养学生情感、启迪思维、发展想象、开发智力等方面确有独到之处。

情境教学模式是以案例或情境为载体引导学生自主探究性学习，以提高学生分析和解决实际问题的能力。英特国际英语就是运用领先的信息技术创设情境，图文并茂，能调动学生的多种感官，寓教于乐，加快对英文的理解，从传统教辅工具的“静态学习到动态学习”的飞跃，让学生消除学习疲劳，激发学习兴趣，提高学习效率。

情境教学法的运用给我们的课堂教学带来了活力和生机，让原本枯燥的课堂变得更加灵动起来。近年来，笔者一直致力于研究如何在职业院校英语课堂中有效践行情境教学法，积累了相当多的教学经验，学生对情境教学法的课堂教学亦产生了浓厚的兴趣。

二、情境教学的理论基础

情境教学理论基础主要来源于情境认知与学习理论，知识不是被动接受的，而是认知主体积极建构的；学习产生于学生先前所建构的知识和经验；个体是在社会文化背景下，在与他人的互动中，主动建构自己的认知与知识。知识是情境性的社会实践；个体身份、共同体中的意义和共同体也是在互动中建构的；在个体、共同体及社会文化情境之间的关系中研究学习迁移；“个体”和“环境”都是学习生态系统中的要素，二者相互建构。皮亚杰的认知主义，班杜拉的社会学习理论，维果斯基的社会文化理论，这些理论研究对指导我们在教学一线进行实践有重要的指导意义。

三、情境教学的特点

第一，形象情境并不是实体的复现，而是简化的模拟。能获得与实体相似的形象，给学生以真实感。

第二，情深意长情境教学是以生动形象的场景，激起学生学习和练习的情绪和感情的体验，通过教师的语言，把情感寓于教材内容之中。情境教学倡导情趣和意象，为学生创设和开拓了一个广阔的想象空间，情境教学所具有的广远性，能促进学生更深刻地理解和掌握教材，激发学生的想象力。

第三，知、情、意、行融为一体的情境教学中，为了创设一定的教学情境，就要运用生活显示情境，实物演示情境，音乐渲染情境，直观再现情境，角色扮演情境，语言描绘情境等方法，把学生引入一定的情境中，使他们产生一定的内心感受和情绪体验，从而克服一定的困难和障碍，形成一定的志向，积极地进行练习，这样，就能把知、情、意、行融成一个整体。

四、情境教学法在职业院校英语课堂实现的具体途径

（一）创设服务性教学情境

教学情境的创设因具有一定的服务性才有存在价值。创设情境不仅要能够激发学生的学习热情，吸引学生主动参与学习，最重要的是能够唤醒学生已有的知识经验，去发现问题，解决问题，从而获得英语知识和学习经验。因此，在职业院校英语课堂教学中创设情境时要充分考虑到创设的情境是否具有服务性，是否可以有效地辅助教学目标的实现，如果创设的情境不利于教学目标的实现就不如不用。

教学情境的创设并不是无的放矢，而是为学生的知识学习和生活经验服务的。只有具有了这种服务性特征，情境创设才会更有价值。

（二）创设思考性教学情境

情境教学设计的问题必须具有思考性，要给学生留有一定的思考空间去拓展其思考能力。因此，创设教学情境时需要注意以下两个方面的内容：其一，要考虑材料的呈现形式，比如呈现的材料具有隐蔽性，能够灵活地选择和转换，解决的方法和解决的结果具有开放性，解决的过程比较复杂，给学生思考的空间较大；其二，要尽量让学生自己去研究、探索和发现问题，从而自己想办法去解决问题，这样就给学生提供了思考的空间，也给学生提供了成功的体验。

（三）创设趣味性教学情境

创设富有趣味性的情境能够引起问题的产生，将生动有趣的问题置于一定的情境中能够唤起学生利用他们的认知和情感因素共同去解决问题，从而保证了教学活动的有效性。

例如，我们可以结合游戏创设情境。通过一些趣味游戏不仅可以活跃课堂教学氛围，还可以在一定程度上提高学生的听力、口语、语法以

及词汇运用能力。比如，结合“耳语传递句子”的游戏创设了一个教学情境，具体游戏形式是这样的：以教室中纵排的座位分组，每一个纵排为一个小组。先给纵排最后一位同学一个句子，该同学看过之后用耳语把这个句子传递给前面一位同学，如此依次传递下去，直到纵排最前面一位同学。最后，这位同学把自己所听到的句子写在黑板上，传递得最快、最准确的小组获胜。为了有效锻炼学生的口语表达能力和听力水平，教师可以选择一些比较特殊的句子，增加难度。

通过创设恰当的教学情境可以唤起学生的学习热情，如果在教学过程中创设贴近日常生活实际的教学情境，不仅可以吸引学生积极地投入当时的教学情境中，还可以在一定程度上引导学生自觉地参与到课堂英语学习的实践之中。因此，职业院校英语教师在课堂教学过程中，要根据学生的实际特点，在深入钻研教材的基础上，找准课堂教学的有效切入点，利用自身的聪明才智以及现有的教学经验，设计和创造一些具有服务性、思考性、趣味性的英语情境，让学生在具体、生动的情境中轻松愉快地学习英语知识。

第二节　任务型教学法

一、概述

任务型教学法是从 20 世纪 80 年代逐渐发展起来，广为应用语言学家和外语教学实践者认可和接受的一种外语教学方法。

任务型教学是指教师通过语言引导学生在课堂上完成任务来进行的教学。这是 20 世纪 80 年代兴起的一种强调“在做中学”的语言教学方法，是交际教学法的发展，在世界语言教育界引起了人们的广泛注意。近年来，这种用语言做事的教学理论逐渐引入基础英语课堂教学，是外语课程教学改革的一个走向。该理论认为：掌握语言大多是在活动中使用语言的结果，而不是单纯训练语言技能和学习语言知识的结果。在教学活动中，教师应当围绕特定的交际和语言项目，设计出具体的、可操作的任务，学生通过表达、沟通、交涉、解释、询问等各种语言活动形式来完成任务，以达到学习和掌握语言的目的。任务型教学法是吸收了以往多种教学法的优点而形成的，它把语言应用的基本理念转化为具有实践意义的课堂教学方式，与其他的教学法并不排斥。

任务型教学法以任务组织教学，在任务的履行过程中，以参与、体验、互动、交流、合作的学习方式，充分发挥学生自身的认知能力，调动他们已有的目的语资源，在实践中感知、认识、应用目的语，在“干”中学，在“用”中学，体现了较为先进的教学理念，是一种值得推广的有效的外语教学方法。

长期以来，在外语教学界，人们一直在试图寻找一种最佳教学法。外语教学是一个非常复杂，多变项交互影响的过程，教师在课堂上教什么并不等于学生学到了什么。教师在外语课堂教学中的主要作用是如何为学生创造一种有利于外语习得的条件。因此，对于外语教学中语言交际任务的研究是目前第二语言习得和课堂教学研究的一个热点。在过去的近 20 年中，不少应用语言学家从不同角度对交际学习任务进行了深入的理论探讨和实证研究。

近期，基础教育阶段的外语教学中，对以任务为中心的语言教学思路开始给予了足够的关注，对学习任务的研究和设计，以及在教材开发和课堂教学中的应用也日趋广泛。任务在英语教学中的应用，已逐渐成为英语教学的主流。倡导“任务型”的教学途径，培养学生综合语言运用能力。要求教师依据课程的总体目标并结合教学内容，创造性地设计贴近学生实际的教学活动，吸引和组织他们积极参与。学生通过思考、调查、讨论、交流和合作等方式，学习和使用英语，完成学习任务。

二、优点

第一，完成多种多样的任务活动，有助于激发学生的学习兴趣。

第二，在完成任务的过程中，将语言知识和语言技能结合起来，有助于培养学生综合的语言运用能力。

第三，促进学生积极参与语言交流活动，启发想象力和创造性思维，有利于发挥学生的主体性作用。

第四，在任务型教学中有大量的小组或双人活动，每个人都有自己的任务要完成，可以更好地面向全体学生进行教学。

第五，活动内容涉及面广，信息量大，有助于拓宽学生的知识面。

第六，在活动中学习知识，培养人际交往、思考、决策和应变能力，有利于学生的全面发展。

第七，在任务型教学活动中，在教师的启发下，每个学生都有独立思考、积极参与的机会，易于保持学习的积极性，养成良好的学习习惯。

三、作用

任务型教学法则属于以学习为中心的教学法。此类教学法主要关注二语教学的认知过程和心理语言学过程，力图为学生提供机会，通过课堂上以意义为焦点的活动，参与开放型的交际任务。其课堂操作程序表现为一系列的教学任务，在任务履行过程中，学生注重语言交际的意义，充分利用自己已经获得的目的语资源，通过交流获取所需信息，完成任务，其学习过程是沿着开放的途径达到预期的教学目标。

四、基本要素

第一，目标如同日常生活和工作中的任务一样，教学任务首先具有目的性，也就是说，它应该具有较为明确的目标指向。如前所述，这种目标指向具有两重性，一是任务本身要达到的非教学目的，二是利用任务所要达到的预期的教学目的。如在“案件侦破”任务中，其非教学目的便是根据不断增加的线索进行讨论推理，直到最后找出嫌疑人。但设计任务所期望达到的教学目标则可能是通过完成任务过程中所产生的语言交流感受语言，增强语言意识，提高交际能力，并在交际过程中应用诸如表示假设、因果关系，或“肯定”“可能”“也许”等目的语表达形式。作为促进学习的教学任务，教师更多地关注它的教学目的。

第二，内容任务的这一要素可简单地表述为“做什么”。任何一个任务都需赋予它实质性的内容，任务的内容在课堂上的表现就是需要履行的具体的行为和活动。

第三，程序指学生在履行某一任务过程中所涉及的操作方法和步骤，在一定程度上表现为“怎样做”。它包括任务序列中某一任务所处的位置、先后次序、时间分配等。

第四，输入材料是指履行任务过程中所使用或依据的辅助资料。如前面提到的“案件侦破”任务，就需要打印在若干张纸条上的一系列线索，任务就从第一条线索的推理和讨论开始，在不能得到肯定的结论时，依次增加线索，直到真相大白。输入材料可以是语言的，如新闻报道、旅游指南、产品使用说明、天气预报等；也可以是非语言的，如一沓照片、图表、漫画、交通地图、列车时刻表等。尽管有些课堂任务并不一定都要使用或依据这样的输入材料，但在任务设计中，通常提倡准备和提供这样的材料，使任务的履行更具操作性，更好地与教学结合。

第五，教师和学生的角色任务并非都要明确教师和学生在任务履行中的角色，但任务都会暗含或反映教师和学生的角色特点。教师既可以是任务的参与者，也可以是任务的监控者和指导者。在任务设计中，设计者也可考虑为教师和学生进行明确的角色定位，促进任务更顺利有效地进行。

第六，情境任务的情境要素是指任务所产生和执行的环境或背景条件，包括语言交际的语境，同时也涉及课堂任务的组织形式。在任务设计中，应尽量使情境接近真实，以提高学生对语言和语境的关系的意识。

五、基本原则

（一）真实性原则

真实性原则是指在任务设计中，任务所使用的输入材料应来源于真实生活，同时，履行任务的情境以及具体活动应尽量贴近真实生活。当然，“真实”只是一个相对概念，任务设计的真实性原则也不完全反对非真实语言材料出现在课堂任务中，但有一点是肯定的，就是要尽量创造真实或接近于真实的环境，让学生尽可能多地接触和加工真实的语言信息，使他们在课堂上使用的语言和技能在实际生活中同样能得到有效应用。

（二）连贯性原则

连贯性原则涉及任务与任务之间的关系，以及任务在课堂上的实施步骤和程序，即怎样使设计的任务在实施过程中达到教学上和逻辑上的连贯与流畅。任务型教学并非指一堂课中穿插了一两个活动，也并不指一系列活动在课堂上毫无关联的堆积。任务型教学是指教学通过一组或一系列的任务履行来完成或达到教学目标。在任务型教学中，一堂课的若干任务或一个任务的若干子任务应是相互关联、具有统一的教学目的或目标指向，同时在内容上相互衔接。

（三）形式（功能）原则

形式（功能）原则传统语言练习的最大不足之处便是语言脱离语境，脱离功能，学生可能知道不同的语言形式，但不能以这些形式得体地表达意义和功能。形式（功能）原则就是在真实性原则的基础上，将语言形式和功能的关系明确化，让学生在任务履行中充分感受语言形式和功能的关系，以及语言与语境的关系，增强学生对语言得体性的理解。

（四）可操作性原则

可操作性原则在任务设计中，应考虑到它在课堂环境中的可操作性问题，应尽量避免那些环节过多、程序过于复杂的课堂任务。必要时，要为学生提供任务履行或操作的模式。

（五）实用性原则

实用性原则任务的设计不能仅注重形式，而不考虑它的效果。课堂任务总是服务于教学的。因此，在任务设计中，要避免为任务而设计任务。任务设计者要尽可能为学生的个体活动创造条件，利用有限的时间和空间，最大限度地为学生提供互动和交流的机会，达到预期的教学目的。

(六) 趣味性原则

趣味性原则任务型教学法的优点之一便是通过有趣的课堂交际活动有效地激发学生的学习动机，使他们主动参与学习。因此，在任务设计中，很重要的一点便是考虑任务的趣味性。机械的、反复重复的任务类型可使学生失去参与任务的兴趣，因而任务的形式应多样化。需要注意的是，任务的趣味性除了来自任务本身之外，还可来自多个方面，如多人的参与、多向的交流和互动，任务履行中的人际交往、情感交流，解决问题或完成任务后的兴奋感、成就感等。

六、教学本质

任务与传统的“练习”或通常意义上的“活动”究竟有什么样的本质差别呢？第一，任务具有目的性。这里的“目的”具有两重性，一是任务本身所包含的非教学目的，二是任务设计者所期望任务参与者达到的教学目的，而练习通常只具有教学目的。第二，任务通常会产生非语言性结果，而练习总是产生语言性结果。比如，根据所听天气预报的信息，决定怎样安排野炊；根据火车和汽车时刻表，选择哪几趟车能方便准时地赶到某地开会。任务完成后所得到的结果是非语言性的，而课堂练习，如用短语造句、用介词填空等，其结果总是语言性的。第三，任务具有开放性，也就是说，任务的履行并非有一套预定的模式或途径，或者会达到统一的结果，完成任务的途径，包括应用的语言是可选择的、不固定的、非限制性的。第四，任务具有交际性或互动性。任务通常是集体性和合作性活动，任务的履行通常以交际或互动的方式进行，这种互动可以是学生与学生之间、学生与教师之间、学生与输入材料之间的双边或多边互动。

第三节 启发式教学法

一、概述

启发式教学，顾名思义，就是指教师在教学过程中根据教学目的、内容、学生的知识水平和认知规律，利用相应的教学手段，来启发诱导学生自主学习的能力，激发学生的学习潜能，由以教师为主体的教学模式转向以学生本身为主体，将教学内容围绕学生展开的一种新的教学模式。在不断强调素质教育的今天，人们的教育思想和教育观念都发生了很大的变化，在这期间，英语教育得到了很大的重视。在当代职业院校英语教育中，教师的角色也在悄然地发生变化，如何调动学生的学习积极性，更好地帮助学生理解和学习课堂内容，培养学生的学习兴趣，完成由灌输式教育向启发式教育的转变，已然成为当代教师的职责。

教师在教学中要依据教学的客观规律不断有效地激发学生的学习兴趣和求知欲望，成功地使学生的思维情绪和智力活动始终处于积极状态，从而充分发挥学生学习的主动性和积极性，使学生自觉、独立地展开思维，融会贯通地掌握知识和技能，发展智力，学会学习，提高思考力。

同时，我们也确定了启发式教学的范畴属性：它不是一种教学方法，而是一种教学方法体系的指导思想，是一种重要的教学原则。正因为这样，所以我们称启发式教学为启发式教学思想。当前，转变教育思想、加快教育改革的呼声日益高涨，启发式教学能否再受关注，重要的是教师能否重视启发式教学思想并注意将这种思想随时融合在具体的教学活动之中。解决了对启发式教学内涵的理解，在具体的教学实践中会找到一些体现的办法。对此，每一位教师都可以有自己的理解，可以采取不同的方法的途径来实施启发式教学。学起于思，思起于疑，学习和思维是从疑问开始的，因而提出问题理所当然地成为教学的起点。这样，课堂教学过程中最常用最重要的教学方法——课堂提问也自然成为实施启发式教学的首选方法。

二、课堂提问在启发式教学中的作用

先进的教学思想指导教学方法，教学方法的运用必然体现教学思想的优势。在启发式教学中实行课堂提问有何作用呢？概括来说，它有利于实现启发式教学中“培养学生思维品质、发挥学生主体作用”的目的。

第一，课堂提问有利于培养学生的独立思考能力和认知能力关于启发式教学的着眼点，郑玄有云“如此则思之深也”，即教学的着眼点，不仅在于传授知识本身，更在于以发展学生的“识思”能力。教师通过问题，把学生引导到“愤”“悱”的境地，即积极思考，处于想弄通而又没能搞通、想要表达而又表达不出来的心理状态下，教师再给予启发帮助。长期如此，既可促进学生认知能力的提高，又可促进他们深入理解知识、融会贯通地掌握知识，养成独立思考的习惯，还可为他们以后创造性地学习提供知识经验与智力的基础。

第二，课堂提问有利于发展学生的思维品质和求异思想。在教学过程中，通过提问，使学生的思维处于积极的活动状态，通过对同一问题的不同思考或一环扣一环的尾部，可以使学生思维的广阔性、深刻性、独立性、批判性等良好品质不断得到发展；同时启发后若达不到“举一反三”的效果，教师决不去讲深、讲透包办学生的学习，更不提什么标准答案，对学生的思维不加任何限制，这样有利于学生求异思维的发展。心理学告诉我们，求异思维是创造思维的一个重要方面。通过提问、启发，使学生的思维更流畅、更灵活、更新颖、更具独特性。

第三，课堂提问有利于培养学生的问题意识和主体意识。问题意识是创造性活动的先导，是创造性思维的动力因素。它能激励学生努力寻找创造课题，准确地把握问题，并潜心追求创造成果的获得。爱因斯坦曾指出：“提出一个问题往往比解决一个问题更重要。”

三、常用启发式教学方法

在课堂教学中运用启发式教学时也要讲究方法与技巧，不能误把“满堂问”当作启发式教学方法与技巧的法宝。提问启发，仅仅是启发教学方法与技巧的一种形式和方法，而不是它的全部。满堂问看起来很热闹，其实如果不注意设问的对象、质量、层次，不注意启发的目的，自始至终都是一个样子，一个架势，学生没有进入被启发的角色，这样问，问得再多，效果也不会大，甚至是浪费时间。通过实践，可以总结归纳出如下常用的方法。

（一）创境法

教学中创设一定的“愤”“悱”情境，让学生在特定的情感氛围中学习。有利于激发学习兴趣，调动学习积极性。例如，在讲动词“help”的不同用法时，我利用电脑多媒体播放了一个顾客买东西时店员问他：“Can I help you?”的情境片段和一个人落水后大叫“help”的情境画面，然后让学生自己体会它们之间在不同的情境中的不同含义并解释出来，这样学生不但理解了这一词的用法，而且由于借助于情境记忆印象很深且不易忘记。

广泛利用实物、图画、动作等直观手段，吸引学生的无意注意，激发他们学习英语的兴趣和积极性，并促使他们用英语和客观事物直接联系，增强运用语言连贯表达思维的能力。特别是随着多媒体教学的广泛使用，能给学生留下终生难忘的印象。

（二）激情法

激情法课堂教学不仅有师生之间知识信息的传递，更有师生之间情感的交流。现代心理学的研究表明：那种明朗的、乐观的心情有助于思泉喷涌，而有郁郁寡欢、万马齐喑的苦闷心情则抑制人的思维。因而，教师在课堂教学中要像音乐指挥那样激起学生的情绪，使之思维活跃，注意力集中，从而为进一步启发奠定良好的基础。

（三）设疑法

“疑”是探求知识的起点，也是启发学生思维的支点。会不会“设疑”是一个教师教学技巧的表现。南宋理学家朱熹说：“读书无疑者，须教有疑，有疑者，却要无疑，到这里方是长进。”一个教师，在课堂教学时要注意从“疑”入手，巧设悬念，启发学生思维。换句话说，就是要善于引导学生提出问题，分析问题，解决问题，即善于引导学生生疑，质疑，解疑。应当指出的是，设疑不同于一般的课堂提问。它不是让学生马上回答，而是设法造成思维上的悬念，使学生处于暂时的困惑状态，进而激发解疑的动因和兴趣。

(四）寻思法

如果说设疑启发重在“疑”，即通过新旧知识的矛盾，了解问题与分析问题，解决问题之间的悬念来启发学生学习兴趣，那么，寻思启发则重在“思”，即通过引导学生如何解决问题，解决悬念来启发学生。

(五）暗示法

课堂教学时，当学生思维出现故障时，教师可以通过语言、手势、表情等，给学生以暗示，或接通学生的思路，让他们顺利地解决某一问题；或提醒学生在思维中出现某些偏差，让他们迅速回到正确的思路上来。如教师在处理课文时可把课文中的重点、难点，以及一些关键词按段落板书在黑板上，之后让学生复述课文时，如学生遇到困难教师就可以用板书来暗示内容，帮助学生完成复述。

(六）对比法

强烈、鲜明的对比往往能给学生留下深刻的印象，有利于学生理解和记忆。这种方法一般用来帮助学生区别那些似是而非，看起来差不多但实际上有较大区别，容易混淆的词、词组或语法概念等。例如，学生往往对“一般过去时”和“现在完成时”的用法颇感困惑，我就在教“现在完成时”同“现在完成进行时”加以对比，从而使学生从中得到较清晰的概念。

(七）类比法

利用某类事物在某些特征上的相似之处，启发学生从甲物联想到乙物，并学会运用甲物的分析方法来分析乙物。通过分析两个冠词与两个不定代词之间的共同特征，进而从不定冠词和定冠词之间的不同迁移思维出两个不定代词之间类似的区别。这样，不但帮助学生通过类比法解决问题，而且教会了学生一种思维方法。

(八）研讨法

教师将启发贯穿讲练中，通过循循善诱、步步启发，调动全体学生的思维共同研究、讨论、分析、解决问题或提出问题后，组织学生分组讨论，利用集体的智慧来解决问题。这一方法在理解课文和处理难点问题上较为常用且效果明显，特别在用于培养学生的创造性思维方面尤为有效。

(九) 归谬法

教师在讲授知识的重点、关键处时，故意出现错误，吸引学生注意力，启发学生思维。如教师讲完某一规则后让学生一起做课堂练习时，可故意犯学生可能犯的错误，从而让他们引起警惕，以免再犯。归谬法的好处是能引起学生高度注意，启发他们积极思维，以探究正确答案，而且记忆牢固。但此法不可多用，否则容易造成学生思维混乱。

(十) 点拨法

点拨法也是在学生思维受阻，引起认知过程中断时给予的指点、启发。所不同的是，暗示启发，教师只作暗示，不明确说出答案；而点拨启发，教师应把某些话说在明处。当然这些话只能说在关键处，否则就谈不上“点拨”了。

第四节　发现教学法

一、概述

发现教学法亦称假设法和探究法，是指教师在学生学习概念和原理时，不是将学习的内容直接提供给学生，而是向学生提供一种问题情境，只是给学生一些事实（例）和问题，让学生积极思考，独立探究，自行发现并掌握相应的原理和结论的一种方法。

发现教学法，是美国认知主义心理学家布鲁纳在《教育过程》一书中提出的。这种方法要求学生在教师的认真指导下，能像科学家发现真理那样，通过自己的探索和学习，“发现”事物变化的因果关系及其内在联系，形成概念，获得原理。发现教学法不是把现成的理论提供给学生，而是从青少年好奇、好问、好动的心理特点出发，在教师引导下，依靠教师和教材所提供的材料，让学生自己去发现、回答和解决问题，使他们成为知识的发现者，而不是消极的接受者。

二、发现教学法的特点

第一，强调学习过程。布鲁纳认为“认识是一个过程，而不是一种产品”。在教学过程中，学生是一个积极的探究者，学生的学习过程就是一个自我“发现”的过程。

第二，强调直觉思维。布鲁纳认为，直觉思维与分析思维不同，它不根据仔细规定好了的步骤，而是采取跃进、越级和走捷径的方式来思维。直接思维是影像或图像性的，它的形成过程不是靠言语信息。

第三，强调内在学习动机。布鲁纳重视学生形成内部动机，或把外部动机转化成内部动机。发现活动能激起学生的好奇心，学生受好奇心的驱使，对探究未知的知识就会表现出兴趣。最好的动机莫过于学生对所学材料本身具有的内在的兴趣，有新发现的自信感。

第四，强调信息提取。布鲁纳对记忆过程持比较激进的观点。他认为，人类记忆的首要问题不是储存，而是提取。提取信息的关键在于如何组织信息、知道信息贮存在哪里和怎样才能提取信息。所以，学生如何组织信息，对提取信息有很大影响。学生亲自参与发现事物的活动，必然会用某种方式对它们加以组织，从而对记忆具有很好的效果。

三、发现教学法的原则

第一，主动学习。学习最好的方法是自己去发现。

第二，最佳动机。凡是富有成效的学习，学生必须对要学习的材料有浓厚的兴趣，而且在学习活动中感到愉快。

第三，学习过程。为了使学习富有成效，在形成概念以及使用语言符号之前必须有一个探索的阶段。最后所学的知识必须融入并成为学生整个观念的一部分。在这个学生学习的过程中，教师要起主导作用。

四、发现教学法的基本程序

第一，发现并提出问题。

第二，运用已有的知识进行推理，做出解答问题的假设，探求解决问题的办法和途径。

第三，展开讨论，各抒己见。

第四，归纳、总结，得出合乎情理的结论。

五、发现教学法的基本功能

第一，激发智慧潜能发现的实质就是把现象“重新组织”或“转换”，使人得以超越现象，再进行组合，从而获得“新的领悟”。

第二，培养内在动机人具有借助发现本身所提供的奖赏，即自我奖赏推动学习活动的倾向。因此，发现学习可使学生摆脱外来的动机作用，如父母、教师或权威人物的期望、赞许等的推动，而在自我发现中获得巨大的兴趣、力量和内在动机。

第三，学会发现的技术。在这方面越是有实践经验的人，越能把学习归纳成一种探究的方式，他们也就越相信自己的发现能力。

第四，发现法有利于记忆的保持。

六、发现教学法的基本要求

第一，在发现法教学中，教师是指导学生获取知识的导师，因此，必须设法调动学生学习的积极性、主动性和自觉性。为此，教师要努力创造一种有利于学生独立思考的气氛，尽可能安排一些富于发现的场景和机会，揭示一些具有诱发性的问题，指导如何观察、对比事物和分析问题的方法，促进学生的发现，并帮助学生寻找和审查资料，引导学生做出符合逻辑的结论。

第二，要充分发挥直观教具的作用，通过教具或图形的实际观察和分析，促进他们的思考发现，促进感性思维向理性思维的过渡。

第三，发现法要求教师通晓有关学科的基本结构，理解和掌握科学家进行发明创造的一般过程，以便相机诱导，适时启发，促进发现过程的迁移。

第四，发现法对于学生来说是发现学习，教师不要把学生当作被动的知识接受者，因而在引导、启发学生自我发现问题、分析问题和解决问题的过程中，要经常鼓励学生的自信心，使他们相信自己不仅可以发现问题，并且依靠自己的知识和智慧也可以解决问题。同时，注意在教学过程中，培养学生研究问题的兴趣，养成动脑筋、讲科学的习惯。

第五，发现法没有固定不变的方案，要求教师根据不同发展阶段的学生特点、学科性质及具体的教学内容，科学设计、严密组织、灵活实施，不要固定于一个程序、一个模式。

七、发现教学法的优点

第一，有利于促进学生内部学习动机的形成，能更好地培养学生的抽象思维能力，发展智力、发挥潜力。发现学习是学生相对独立的探究，可以培养学生对知识本身的兴趣，并形成自我奖励、自主学习的内部动机。

第二，有利于知识的记忆。发现法使学生学会了探究问题的方法，从而巩固对知识的记忆。

第三，有利于知识的迁移。学生在经历了问题的最初困惑到最后解决的漫长曲折的思维过程之后，再碰到类似问题，思维过程将大幅缩短，反应将变得敏捷而有效。

第四，有利于学生思维能力的发展。发现教学以过程为导向，充分显示学生的思维过程。而且发现教学有助于培养直觉思维、分析思维、批判性思维、创造性思维能力。

第五节　讨论式教学法

一、概述

讨论式教学法强调在教师的精心准备和指导下，为实现一定的教学目标，通过预先的设计与组织，启发学生就特定问题发表自己的见解，以培养学生的独立思考能力和创新精神。

讨论法是在教师的组织和指导下，以小组或班级为单位，围绕一定的问题和内容各抒己见，展开讨论、对话或辩论等，互相启发、共同探讨，以求辨明是非、扩大知识面和提高认知能力。

讨论式教学法是和讲授式（或称演讲式）教学法相对应的概念。顾名思义，与讲授式（或称演讲式）教学法不同，讨论式教学法在教师组织和引导下，全体学生都积极参与课堂讨论，从而实现教与学的互动。有学者指出，讨论式教学法就是指以讨论为基本教学方法的教学。这是一个较为简洁的定义。展开来说，讨论式教学法就是教师通过预先的设计与组织（甚至包括进行适用于讨论式教学的教材的编撰），学生经过课前预习思考，在课堂上经过教师引导就某一问题发表见解，教师就讨论结果作一定总结，从而使学生变被动为主动探寻知识的一种教学方法。

讨论式教学法强调在教师的精心准备和指导下，为实现一定的教学目标，通过预先的设计与组织，启发学生就特定问题发表自己的见解，以培养学生的独立思考能力和创新精神，使学生主动地获取知识、提高能力的一种教学方式。讨论式教学的环节大致包括设计问题、提供资料、启发思路、得出结论。本书结合讨论式教学的模式和特点，充分提供学说、立法、判例等资料，为学生梳理出了解答问题的不同路径，以引导学生自主进行辩论和思考，帮助其得出自己的结论。如何引领学生进行学习讨论与探究，建构“形散神不散”的课堂，这需要一定的策略。

二、讨论设计的准备

只要教师精心设计，认真做好讨论前的准备，讨论就可以收到预期的效果。教师是课堂讨论的设计师，应从以下两个大的方面进行设计。

一是设计“讨论什么”。讨论是以问题为中心的，教师必须高瞻远瞩，认真钻研教材，依据课文的训练重点，结合学生的实际，精心设计这堂课应该讨论哪些问题，还要估计到学生会提出哪些疑难问题，如果学生提不出问题怎么办，问题提多了或提偏了又该怎么办。只有对课堂上可能出现的问题早有所料，才能使讨论顺利进行。二是设计“怎样讨论”。针对讨论的问题，如何激发学生去思考、去争辩，如何点拨学生去理解、去升华，教师在设计中都要考虑到。对讨论的形式、讨论的展开、讨论的深入、讨论的归纳都要做到心中有数。这样，课堂讨论才能有序地进行，才会有令人满意的效果。

三、讨论内容的把握

讨论内容的确定是讨论式教学法的保证，教师要把握好尺度。第一，讨论的问题要有利于教学目标的实施，讨论的问题应是文章的重点、难点，学生的疑点。第二，讨论的问题要有利于学生的语言文字训练，要让学生通过讨论获取语言信息，学习语言文字的规律。第三，讨论的问题要有利于激发学生的思维。问题要发人深省，要有启发性和思维价值，发展学生的创造性思维。第四，讨论的问题要有利于学生全员参与，适合不同层面学生的能力训练。

四、讨论法的教学流程

设计问题—提供资料—启发思路—得出结论。

精心设计并提出富有启发性的问题是成功运用讨论式教学法的保证。因此，定题是第一步。在拟定这些问题的时候，基本遵循了下列几个原则。

（一）具体性、准确性原则

好的讨论题首先必须表述准确，要使学生清楚地意识到所要讨论问题的核心。其次是具体，有代表性。具体、特定的问题有助于引导讨论的方向。设计问题主要应针对教学内容的重点、难点问题，要具有讨论的价值，题目要源于基本教材，但要适当高于基本教材。

（二）启发性原则

讨论题要具有启发性，能给学生一定的思维空间，并能引起学生强烈的探究愿望，拓展学生的思维，使其思维有一定的自由度。

（三）量力性原则

讨论题必须考虑学生的学习心理特点、接受能力、知识水平等，要选择那些难度适宜，既能激发学生的思维积极性，又能使学生能力得到提高的问题。不同层次的讨论题要有不同的深度。在遵循量力性原则基础上的讨论，扩大学生的参与面，同时又易使学生产生成就感。

（四）兴趣性原则

在选择讨论题的时候，要注意适当照顾学生的兴趣，在兴趣的推动下，学生进行问题的探究和思想的交锋就会积极、主动。当然，鉴于理论性较强的特点，可能不是每次讨论都能够遵循这个原则。但是实际上，和枯燥乏味的讲授式教学相比，学生对讨论本身就已经有足够的兴趣。

（五）师生共同参与原则

在进行课堂讨论题的优化设计过程中，如果有可能，应鼓励和组织学生参与讨论题的设计，学生还可就讨论的时机、讨论题的表述、讨论的方式等提出建议。

五、讨论进程的调控

讨论是一种开放性、多向性的信息交流活动。由于学生的原有知识基础不一样、领悟程度不同，提出问题和回答问题往往层次有别，有时还会出现一些“意外”。教师应成为课堂进程的调控者，需适时应变，采用适当的策略，调控好讨论的进程，变“不利”为“有利”，使讨论有效地进行。

（一）正向鼓励法

正向鼓励是指教师用肯定、赞许的言辞和丰富的情感，鼓励学生积极思考，畅所欲言，敢于问难，乐于解疑，让每个学生都有表现自我的机会，都能体会到成功的愉悦。

（二）延迟结论法

在讨论中，要尽可能地让学生充分发表意见，鼓励大胆求异和争论。

问题一时难以解答，学生发表不同见解，教师当堂难以判断正误，对一时难以解答的问题，教师不能含糊其词，应该实事求是地告诉学生“这个问题教师一时说不清楚”，并留下悬念，鼓励学生带着问题去寻找答案，激发学生的求知欲，培养学生锲而不舍的精神。

六、讨论法的优点

在教学过程中采用讨论式教学法，不仅能够有效地培养学生的创造性人格，发展学生的创造性思维能力，也是实现民主教学的有效途径。美国哲学家、教育家杜威认为，发展包括持续不断学习知识的能力，以及对他人观点的理解和感知能力。民主和讨论都隐含这样一些过程：奉献与索取，讲述与倾听，言语描述和亲身经历。所有这一切都有助于开阔视野，加强相互理解。讨论是最有利于学生发展的方法，因为只有同他人商量之后，才能提出自己独到的见解，这样的方式有助于我们增强民主的天性。

具体来说，可以把讨论式教学法的作用大致归纳为以下几点。

第一，讨论式教学可以使学生心胸博大，多方听取和思考他人意见，并容易理解他人。因为，讨论所不可替代的优点就是给人们提供了开阔视野，接受新事物、新观念的机会，讨论可以使我们暂时忘记自我，得到许多新的体验。

第二，讨论式教学还可以加强学生思维的灵活性，因为讨论要求参与者思考问题时，既要变通又能应对突发事件。一些人害怕讨论，就是觉得自己很难应对针对他们的发言所提出的众多质疑。既然自己不可能把自己的想法构想得非常完美，使每个人对自己所讲的各个方面都非常满意，学生自然就会想到自己讲的肯定会遭到别人的挑战、辩驳乃至否定，这就意味着他们必须尽快想出应对的点子，或用全新的观点来反对对方，正是这样才加强了学生思维的灵活性，而灵活性的思维恰恰是我们非常需要学生应有的学习品质。

第三，讨论有助于学生养成合作学习的习惯。因为，在真正的合作中，人们会共同努力来互相帮助学习，并创造出一种比他们个人精力总和还要大的精神力量——竞争。有时候讨论是力求达成共识的，但这不可能轻易就能达到。共识并不是只要接受所有人的观点就可以了，它需要每个人都积极发言、争论及妥协。从某种程度上讲，达成共识的观点既超越了个人观点又融合了所有人的观点，事实上，达成共识的过程就是一个合作的过程。

第四，讨论式教学有助于发展学生综合分析的能力。在一场讨论中，学生不仅要顾及其他人不同的观点，还要思考某个专题所涉及的各个方面，在这一过程中，能够使学生养成综合分析的习惯，从而提高综合分析的能力。

第四章 文化导入英语教育的探索

第一节 文化和语言的概念及其关系

一、文化和语言的概念

美国语言学家萨丕尔于20世纪20年代在他的著作《语言论》中给语言下了精辟的定义：语言是纯粹人为的、非本能的，凭借自觉地制造出来的符号系统，用来传达观念、情绪和欲望。同一个语言社区的成员在漫长的人类社会发展中，逐渐形成了共同的、系统的信仰和理念，由此确定了社区的结构，并通过语言表达出来。因此，语言和文化不是孤立无关的，而是紧密联系在一起的。语言可以说是一个社区积淀下来的共同文化的产物，是一种文化功能，是一套有规律的声音符号系统，通过这些符号来传递文化，表达思想情感。通过语言，可以了解文化那源远流长的历史。萨丕尔还说出了语言的特点即文化，语言具有文化功能。显然，无论是研究语言还是文化，都必须将二者结合起来，才能认识其本质。

（一）文化的概念

文化是一个相当抽象复杂的概念，对文化的定义，中外学者也有很多说法，这本身就说明文化的丰富内涵和深厚的外延。在美国文化学家克罗伯和克鲁克洪合著的《文化：概念和定义的批评考察》中写道，全世界的语言学家对文化的定义有160多种。英国人类学家泰勒是第一位给文化下定义的学者，他认为文化是一个复合的整体，它是人作为社会的一员时，所学习而得到的所有事物，其中包括知识、艺术、道德、法律、风俗等，以及人们作为社会成员而获得的任何其他的能力和习惯。他认为文化是人类共同拥有的，各个社会的文化不尽相同，是由于他们处在人类文化发展进程中不同的阶段。他更强调的是精神层面的文化，而忽略了物质文化。现代学者普遍认为，文化包含物质文化和精神文化。有“现代文化学之父”之称的美国人类学家克鲁克洪，对文化的定义为历史上所创造的生存式样的系统，既包括显性式样又包括隐性式样，它具有为整个群体共享的倾向，或是在一定时期中为群体的特定部分所共享。他指出文化是人类在特定的社会环境中创造出来的，是人类不同群体表现出的有自身特征的生活方式。20 世纪 90 年代以来，更多的学者认为文化是社区交际的手段，以及人们互相交流中约定俗成的意义之总和。人们普遍认为文化是社会群体（而不是个人）的行为，它与交际密切相关，受社会准则的制约，是一整套约定俗成的社会生活方式的体系（而不是零星的社会现象），由有形与无形两种形式构成。

文化，英文是 culture，是从拉丁语演变而来的，最初的意思是耕作。在很久以前就有了“文化”的概念。在新编《说文解字》中记载：“文，错画也，象交文”，最初是指各种交错的纹理，“化”表达一种变化的趋势，本义为变易、生成，引申表示改造、培育等。由此可见，古往今来，“文化”都不约而同地带有人为改造的含义，体现出鲜明的“以人位之”的特点。大自然原本不存在文化，自从有了人类，开启了农耕时代，便开启了文化之旅，成为一种社会的生活方式，成为一个民族的活动方式。

文化在语言中举足轻重，二者紧密相连，不同民族、不同社会环境造就了不同的语言和文化，语言是特定的文化背景的产物，要精通一门语言，必须了解该语言所处的特定的社会环境与文化背景。

（二）语言的概念

瑞士著名语言学家索绪尔认为语言是一种符号系统，用来表示同一社区人的思想。每个符号包括“能指”和“所指”两部分，这些符号系统相互之间有着内在的联系。他还区分了语言（langue）和言语（parole）的功能，对现代语言学的发展有着深远的影响。乔姆斯基提出的“转换—生成语法”认为语言是同一社区的人用来表达思想，并按语法规则组成句子的一种先天能力，是在特定的情况下说出的有实际意义的话。哈里斯的功能语言学认为语言只有承担了应有的功能时，才称之为语言。也就是说，语言来自社会，它是对所处的社会文化语义系统的一种解释。除了语言学家的定义外，其他学科也对其有自身的解释，例如人类学家认为语言是文化行为的形式，文学家认为语言是艺术媒介，社会学家认为语言是社会集团的成员之间的相互作用，哲学家认为语言是解释人类经验的工具，语言教师认为语言是一种技能，文化语言学家则认为语言是记录文化的符号系统，是人类社会最重要的交际工具和思维工具。

由此可见，语言是一种符号系统，语言是一种工具，它来自社会。社会环境的不断变化，使得语言也随之产生、发展。语言和文化息息相关，文化中的深刻内涵在任何一种语言里都能反映出来。如果只学语言，不学文化，就不能说真正地掌握了该语言。长期以来，外语教学重学生的语言能力，轻文化意识的培养。基于文化之上的语言学习，才是真正有效、有意义的学习。

二、语言和文化的关系

就语言与文化的关系，几乎所有的学者都认为二者不可分割。邢福义先生在其著作《文化语言学》中提到，语言是文化的符号，文化是语言的管道。好比镜子或影集，不同民族的语言反映和记录了不同民族特定的文化风貌；犹如管道和轨道，不同民族的特定文化，对不同民族的语言的发展，在某种程度、某个侧面、某一层次上起着制约的作用。因此，可以从两个层面来理解语言和文化的关系。

（一）语言是文化的载体

语言是文化的载体，是人类进行思维的工具。人类在脑海中形成思想，并通过语言来表达思想，人类的思想借助语言而形成。语言记录和传播着人类文化。语言是文化的基石，正如美国语言学家萨丕尔在其《语言论》中所说，“语言有个底座，说一种语言的人是属于一个种族或几个种族的，也就是说，属于身体上具有某些特征而又不同于别的群的一个群”。语言也不能脱离文化而存在，换言之，不脱离社会流传下来的、决定人们生活面貌的风俗和信仰的总体。因而，语言即基石，支撑着文化；语言又受文化的影响，彰显着文化内涵。语言研究表明，人们可以从语言中理解丰富的文化。一个民族多姿多彩的社会文化生活，也从其语言中鲜活地呈现出来，反映该民族的历史变迁。正如马林诺夫斯基所说：一种语言必定来自该语言民族的文化、社会环境和生活习俗。任何一种语言都会有某一种特定的文化相对应，而多种多样使用这种语言的方式，在很大程度上反映出该民族的文化，语言彰显文化，语言又为文化服务。

正因为文化是人类物质生活方式和精神生活方式的总称，所以，人类所有的一切社会活动都属于文化的范畴，不同的民族，由于所处的地理环境、自然环境、人文环境不同，其生活方式也必然有很大的不同，文化必然带有浓郁的民族性。一种语言是该民族在长期的物质生活实践中产生和发展起来的，语言也就必定是文化中的语言，语言中的文化。

（二）语言受到文化的制约

语言反映文化的同时，其形式也受文化的制约，尤其是受思维方式的制约，从而使不同民族的语言呈现不同的特点。虽然语言是文化的一部分，但具有特殊性。文化制约着语言的正确使用，语言是承载文化信息、反映社会生活、体现人类思维的工具，不同民族的语言，都必然带有特定的文化信息，就是人们通常说的“文化负载词”。词汇中的成语、习语、谚语等，更是深藏着各民族丰富的文化传统。语言中的句法结构、篇章结构也充分体现了该民族独特的思维方式。

因此，在交际活动中，目的语文化缺失，会直接影响语言的文化功能，无法理解语言的内涵。语言是文化的一部分，不懂得文化的模式和准则，就不可能真正学到语言。学外语，只学其一，不学其二，那只是记住了一连串没有实际意义的符号，只有深刻理解该语言的文化，才能理解这些符号的内涵，才能最终进行成功的跨文化交际。每一种语言都有相对应的某一种文化，语言和文化是有机的整体。

(三) 语言与文化的相关研究

随着人们对语言和文化关系的认识逐渐提高，有关文化教学的研究取得了长足进展。其中莫兰在《文化教学：实践中的观点》一书中，通过作者本人的亲身教学经历，详细论述了社会文化的界定与社会文化知识的教学规律，强调了文化知识在教学中的重要性，同时阐述了文化知识学习过程与教学原则。在此基础上，不少应用语言学家与外语教师也从理论上对文化进行深入研究，探索规律。20 世纪 90 年代后，各国权威机构都将社会文化知识教学列为外语教学的目标之一。

在我国，对语言和文化关系进行系统研究的第一位语言学家是罗常培先生。20 世纪 50 年代初，他出版了《语言与文化》这一专著，他经过对语言和文化关系的讨论，得出结论，认为语言是随着社会的发展而发展的，属于社会意识形态，通过语言可以考证文化的历史渊源。语言和其他现象、意识联系起来，才能充分发挥语言的功能。20 世纪 80 年代中期，受国外语言学研究影响，“文化语言学”在我国开始盛行。学者们普遍认为，语言教学在很大程度上应是文化教育，语言教学就是文化教学。

20 世纪 80 年代时，许国璋先生在《词语的文化内涵与英语教学》中提出外语教学中应重视语言和文化的关系。1988 年，胡文仲先生在《跨文化交际与英语学习》中，集中反映了外语界对教学中文化因素理论与实践的认识。而这之前，结构主义语言学和行为主义心理学影响着人们，学习者往往视语言为封闭的符号系统和工具。受这一语言观影响，语言教学更多的是强调语言形式，而忽视了语言的内在意义，忽视了它的社会交际功能。在这样的环境下培养出来的学生，在使用语言的过程中，会出现大量语用错误，不能有效实施交际目的。之后，语言学家海姆斯提出“交际能力”这一概念，给外语教学思想带来了冲击，

“就语言而教授语言”的教学模式受到了冲击。海姆斯提出了交际能力的四大特征——语法性、适合性、得体性、现实性，其中适合性和得体性的核心就是学习者的社会文化能力。因此，交际能力不仅包括能说出语法正确的句子等语言能力，还包括在一定的语言环境中，即在不同场合，面对不同身份的人进行成功交际的能力。人们逐渐认识到语言学习不能脱离其特定的文化语境，不但要教授、学习语言系统本身，而且还要深知该语言所处的文化。若一味重语言而轻文化，很难完全理解和正确得体地使用所学语言。这样，不仅交际目的难以达到，甚至还可能导致适得其反的结果。

以上研究都表明，文化和语言之间是一种作用力与反作用力的关系。语言和文化始终都在不断变化、发展。一个民族在不断发展，其语言也必定随之发展。语言的发展，终将影响文化的发展和变化。反之亦然，文化发展了，其语言也将逐渐丰富、延伸。不同民族有着不同的文化、历史和风俗习惯，各民族的文化和社会习俗又在长期的积淀中，通过该民族的语言表现出来，语言与文化密不可分。语言不可能脱离文化，语言的本质差异归根结底就是文化差异。一个学习语言的人，如果不能很好地了解目的语文化，势必难以正确理解和运用目的语。与此同时，如果在学习语言时，学习者能重视，并且潜心去了解目的语国家的文化背景、历史变迁，就能得心应手地使用该语言。现阶段，普遍存在这样的现象：很多学生语法知识掌握熟练，语音语调听来自然，然而，一旦需要进行交际时，由于不了解该目的语国家的文化背景，对于在什么场合说什么话很茫然，就会出现“文化错误”。因此，要真正意义上学好英语，提高英语的综合运用能力，一定要熟悉和英语这一语言有关的文化背景。

此外，语言教学目标是否能顺利完成，文化教学是关键所在。外语教学的最终目的，是培养学生的跨文化交际能力。各民族都有其自身不同的文化，而不同文化背景的人们，相互之间的交流、交往就是跨文化交际。随着全球经济一体化，国际交往更加频繁，民族之间的交流日益增多，传统的语言教学难以满足快速发展的时代对英语人才的需要。在社会生活中，语言能力和文化能力必然同时存在，很难想象，一个不了解英语国家社会文化背景知识的人能正确使用英语进行交际。事实上，在英语课堂教学中，适当、有效地输入贴近学生日常生活的英语国家的文化知识，可以激发学生学习英语的兴趣，同时，还能培养学生的世界意识，加深对母语文化的认同与理解，从而真正提高对中外文化差异的敏感性和鉴别能力。

由此可见，在英语教学中，应该做到语言教学与文化教学并举，后者为前者服务，这样才能保证学生在用英语进行交际时，做到正确理解、准确表达。

第二节　文化导入英语教育的具体分析

一、文化导入英语教育的必要性

（一）语言教学与文化教学关系密切

语言与文化的联系可谓水乳交融，不可分割，那么在英语教学中要如何认识语言教学和文化教学的关系？是将语言教学和文化教学截然分开、分别培养，还是将外语教学干脆变成文化教学，或是将文化教学撇在一边不顾，像传统的语法翻译法那样进行单纯的英语语言教学？凡此种种疑问，更促使我们从理论与实践相结合的角度进一步探讨语言教学与文化教学的关系。

1. 语言教学的本体性

英语教学是语言教学，具有各种语言教学的一般性质。其内容是语言知识的传授，方法是语言教学法，教授者是懂得该语言的教师，学习者以运用该语言为目的，所以语言教学具有本体性，这是不可动摇的首要地位，它是外语教学的起点与目的。

2. 文化教学的辅助性

英语教学是跨文化的外语教学，教学目标是让学习者运用英语与目的语群体在相应的社会文化环境中进行交流。文化教学能够辅助语言教学之根本目的，帮助学习者理解英美国家的价值观念和风俗习惯，因为单单掌握一个新的符号系统而脱离原来赖以生存的文化内容是无法相互交流的。

基于语言教学的本体性和文化教学的辅助性，在英语教学中二者应该是同步进行的，在英语语言教学的同时进行第二文化的教学，语言学得和习得机制是协调一致、同时共进的。离开了语言教学，文化教学就成了无本之木，培养的学生纵有再多的文化知识也无法表达；而离开了文化教学，语言教学也难免“营养不良”。英语教师要在思想意识和实际教学中将二者贯穿起来，多探讨在文化语境中如何进行语言教学，指导学习者在学习语言知识的同时也理解该语言所包含的文化，消除不同文化间相遇时产生的障碍，实现交流的目的。

（二）社会发展的必然选择

中国经济的高速发展也需要社会培养出大量的高水平外语人才，以方便与外界进行沟通和交流。

社会的发展进步使得英语教学中引入文化教学显得尤为重要。对于教师而言，文化教学的任务更是任重而道远，在语言知识学习中融入丰富多彩的文化因素，不仅是为了让学生更好地掌握这门语言，同时也是为学生推开了一扇了解世界的窗户。

（三）培养学生跨文化交际意识的需要

跨文化交际意识指的是外语学习者对母语或目的语话语社团的意向、思维模式、观念、价值取向、动机等文化要素做到心中知晓，并在语言学习和语言运用上理解相互间的异同，有意识地依照交际背景运用话语规则。语言与文化之间存在着水乳交融的关系。英语教学中的文化教学是无法回避的，同时也是学好一门语言所必需的。健康的跨文化交际意识的培养则是文化教学中的重中之重，因为公民良好健康的文化素养与一个民族的兴衰密不可分，民族需要文化去凝聚，文化是一个民族的灵魂和精神寄托。因此，培养学生健康的跨文化交际意识是英语教学的目标与任务。

（四）有利于英语教学的改革和发展

随着教学的不断发展，新课程教学改革在全国各地展开，新的《英语课程标准》已经明确把培养文化意识作为英语教学的目标之一。随着新课程教学改革的深入开展，英语教学的各个方面都发生了巨大变化，包括教学目标、教学理念、教学方法和评价方法等。人们开始逐渐意识到学习外语不仅是掌握语言的过程，同时也是接触和认识另一种文化的过程。

虽然在之前的英语教学中没有将文化教学列入教学目标，但是文化因素始终隐含在英语学习的过程中。不管是优秀的语言学习者还是初学者，其英语交际能力都会因文化因素而受到限制。人的语言不同、背景不同，其思维方式、价值观念和人格就会具有不同的风格和特点。所以说，外语学习不仅会拓展学习者的思维方式，还会影响学习者的价值观念和人格结构。在学习英语的过程中加入文化教学有助于我们从不同的角度来观察和认识世界。因此，在英语教学过程中，教师要有意识地向学生传授所学语言国家的文化知识，有意识地培养学生对两种文化差异的敏感性，使学生逐步具备文化比较能力，以便能够得体地进行语言交际，进而提高他们的文化素养。

此外，文化教学不仅有利于加强学生的英语语言基本功的训练，还对培养学生的学习积极性十分有利。因为原来的英语教学注重的是单一的词汇、语法教学，当教学转变为语言教学和文化教学并重后，教学内容和形式也由单一转为多样，由枯燥转为生动有趣。这样既能提高学生的学习兴趣和学习的主动性，也能激发教师的工作热情和备课的积极性。

二、文化导入英语教育的原则

（一）文化平等原则

世界上各个民族历史文化传统不同，生活环境、发展程度不同，但各种文化都是平等的，各种不同的文化并无好坏之分。各民族文化都是经过一代又一代传承、积淀形成的历史渊源。文化平等意识是双向文化导入的基础。跨文化交际是两种不同文化间的交流，是本土文化和目标语文化间的交流，其实质是在相互平等、相互尊重基础上充分理解对方而不改变自己的平等交际。文化人类学家弗朗茨·博厄斯的文化相对论认为，每一种文化都是其社会生活发展的产物，是用来满足该文化群体的生活和精神需要的，因此不能用好坏标准来判断。中西文化都有自己的民族特点，因此只有相互尊重、相互学习，才能达到共同繁荣。

在跨文化交际中，必须克服以本民族的文化标准来衡量或判断对方的言行的想法和行为。只有在相互尊重的基础上，才能以平和的心态去审视、吸收另一民族文化的精华。因此，在英语教学中，必须让学生树立文化平等意识，以中立的态度理解和学习西方文化，同时，又要学会用英语去讲述中华民族的灿烂文化。

（二）实用性原则

所谓实用性是指文化教学应结合语言实际，文化教学内容重点应在现代“共时”文化上，同时在教学中尽可能地将文化背景知识具体化、形象化。在教学中，只有当所学的语言内容和文化内容在日常交际中有密切联系时，学生才不会认为语言和文化的关系过于抽象、空洞，才会真正认识到文化因素对于语言习得的重要性。特别是在对学生进行跨文化意识与交流能力的培养时，文化内容更应密切联系学生的日常生活，与其所学的语言内容密切相关，与其在日常生活交流中所涉及的主要方面密切相关，从而激发学生学习英语语言和文化的兴趣，产生较好的良性循环效应。例如对家人、朋友的称呼，道谢和答谢，社交活动（同学的生日聚会，走亲戚等），重要的传统节日等，这些与学生身边的日常生活和学习密切相关的内容让学生有亲近感，往往是学生迫切要求了解和掌握的。由于学生可以很快地在日常生活中运用这些文化知识，尝到学以致用的甜头，他们就会产生进一步学习英语、学好英语的兴趣。

（三）多层面合作原则

加德纳认为人的智能机制可以分为8种，即语言智能、音乐智能、逻辑或数学智能、空间智能、运动智能、人际智能、内省智能和自然观察智能。智能机制在各个方面的表现形式则因人而异，教师应该根据学生具体的智能表现发掘学生的优势智能，并帮助学生协调运用这些智能，做到扬长避短，有效配合和优化使用这些智能，从而提升学习者认真负责的学习态度。依据建构主义理论，产生学习的首要条件取决于学习者在学习过程中的个体参与程度，充分优化学生的智能涉及的师生之间以及生生之间的合作学习，由此可见合作学习原则的必要性。在进行英语文化教学的过程中，学习者个人与其他群体的多元化合作是确保教学顺利完成的一个必要条件。

（四）两次性和梯度性原则

文化随着语言水平的提高越发重要，文化教学的比重也随之加大。所以，文化教学应注意不同层次的文化在英语教学不同阶段的导入。根据不同层次、不同课型的教学要求，注意循序渐进、由浅入深、由表及里，让学生逐渐理解文化内容的本质。特别是在英语学习的起始阶段，应使学生对英语国家文化及中西文化的异同有粗略的了解，教学中涉及的英语国家文化知识，应与学生身边的日常生活密切相关，并激发学生学习英语的兴趣。在英语学习的较高阶段，要通过让学生大量接触外国文化，开阔视野，提高他们对中西文化异同的敏感度和鉴别力，进而增强跨文化的交际能力和意识。

（五）个人化原则

文化教学要尊重学生的个体多样性，注意因材施教。这是因为学习者的文化体验和世界观、价值观和思维等个人因素在文化学习中起着重要的作用，它们既是语言学习的基础，也是文化教学的出发点。文化教学要将语言学习和文化学习内化为学生个人的经验。教师只有将教学内容、过程和学生的个人经历结合在一起，尊重他们对文化的个人感受，同时进行正确的引导，才能调动他们的文化学习兴趣，使学生感到有趣、有味、有奇、有惑。文化教学要为学生了解、对比各种文化创造机会，从而促使他们对自身的态度、行为、人生观和价值观进行思考。具体来说，教师就是要选择能激发学生学习兴趣的文化主题，提出一些刺激学习者反思自己个人体验和文化参考框架的问题，设计一些讨论性和探索性的活动，让学生有自我发挥的机会和天地，使学生之间可以相互交流经验和看法。这里所说的活动根据学习者的年龄特征和教学需要可以是简单关于日常生活的问题，也可以是对世界观、价值观等深层文化的理解和思考。这样，学生不仅学习了语言知识，更重要的是掌握了这些语言知识的具体运用规律，能够运用英语达到交际的目的，进而提高他们的综合素质。

（六）互动性原则

文化教学的互动性原则体现在以下三个方面。

1. 语言与文化的互动性

一方面，文化的产生和发展推动语言的发展与更新，新的文化现象必然有新的语言来承载。另一方面，语言的嬗变又反映出文化的变革，即使是极微妙的字眼背后也有浩大的文化变革。可以说，语言与文化的互动史也是语言与文化的发展史，而且这种互动性不仅贯穿于某一民族的文化和语言，也贯穿于不同语言和不同文化中。文化教学中，对本土化的语言表述和对异域文化的语言表述都存在互动性，而正是语言与文化的互动性推动学生对文化知识及其文化表达意义的建构。

2. 教与学的互动性

英语教学改革改变了固有的“权威一依存”的师生关系模式。在文化教学中，教师并非文化信息的传递者，而是文化意义建构的促进者；学生也并非文化信息的接受者，而是文化意义建构的主体。教师与学生通过互动交流在文化理念的更新、文化能力的发展和文化评价体制的形成等方面进行共建合作，实现教学对话，教学相长。

（七）吸收原则

历史经验告诉我们，全盘目标文化与全盘本位文化都是不可取的，一国文化在适应世界文化多元化的同时还要保持自己的独立性和民族性才能更好地生存。去粗取精是必然结果。文化发展的过程中，由于受到当时社会的经济及科技的制约，必然有一部分内容具有时代局限性。

“求同”在文化教学中容易把握及实施，学生也较容易理解；“存异”却是我们在教学中应该着重讲授的方面。对待异于我们本民族文化之处，我们首先要认知、理解，分清哪些是可接受的，哪些是不可接受的，对待其中的一些闪光点，我们甚至是欣赏的。

（八）传授与体验相融合原则

传授式教学模式和体验式教学模式这组彼此相对的概念是古迪孔斯特和海默在进行跨文化培训时提出的。传授式利用讲座、讨论等途径传授知识技能，提高学习者的认知和理解能力，学习和掌握语言和文化知识，分析和理解文化差异；其不足之处在于学习者在很大程度上处于一种被动接受的状态，学习者在态度和行为层面的进步与发展难以实现。体验探索式则以学习者为中心，创造真实或模拟的跨文化交际情景，让学生去感受、体验，使学生在认知、情感和行为各个层面都受到刺激，弥补了传授式教学法的不足。两种方法各有所长。教师要注重传授和探索的有机结合，使课堂教学活动多样化，既要有注重语言和文化知识的讲座和讲解，又要有触动情感、培养行为能力的角色扮演、模拟活动和参观访问等。语言和文化知识的学习要充分考虑学习者的认知接受能力和遵循语言文化的学习规律，学生起初的体验探索应该是直观、具体的，与其实际生活关系密切的实用问题，然后再逐渐转向间接、抽象的思维理念阶段，多层次、多渠道地进行教学，以习得语言的整体性为终极目的。

三、文化导入的内容

有关外语教学中文化导入的内容有哪些，在学术界也颇有争议，曾有张占一、吕必松等学者将其归纳为知识文化和交际文化。知识文化是指一个民族的政治、经济、教育、法律、文化艺术、历史地理等文化知识；而交际文化则是在双方交流过程中的问候、称呼语、委婉语、禁忌语等。

人类学习语言的目的是交际，语言是人类特有的，语言运用是否得体，直接影响交际的顺利进行。因此，教师应该在教学中多结合词汇文化、句子内涵、语篇理解等来加强对学生文化意识的培养。

（一）词汇文化相结合

语言的基础是词汇，文化对语言的影响首先是体现在词汇上，词汇能准确传递文化信息，能较为精确地反映文化差异。英语词汇中大量习语、典故就如中国母语中的成语，在人类不断的使用中，积淀了丰富的内涵和外延，富有鲜明的民族特征。词汇内涵的差异，生动地反映出各民族不同的价值取向、意识形态等。在学习中，尤其需要掌握其不同的文化内涵。同是一个词，在文化背景不同的人脑中反映出的意象和联想却可以不同。

（二）句子内涵的结合

正如词汇里蕴含丰富的文化，句子中的文化内涵也是无处不在。虽然组成句子的词汇及其意义基本相同，但在不同的句子里，却可能折射出一定的文化差异，容易使人们产生理解上的偏差。

由于语言交际是人类赖以维护社会关系和人际关系的重要手段，因而人们在交际中通常避免使用引起对方不快从而损害双方关系的语言，而是采取迂回曲折的方法来表达思想，交流信息。委婉语在日常交际中犹如润滑剂，使交际者的言语显得得体、礼貌。要使文化交际更得体，教师在教学过程中要适当地介绍一些交际场合的委婉语。

因此，了解英语语言所蕴含的英语社会文化，可以帮助学生正确理解英语语言。学生对英语文化了解得越深，就越具有敏感的文化意识，也就越能提高英语学习的效能。

（三）语篇理解相结合

语篇就是用词句把相关的情节组合起来，它不像词语、句子那样，只能表达单一的概念或某一情节的片段。语篇学习可以帮助学生达到学习语言的最终目的，那就是能用语言进行交际。因此，词语、句子的学习，最终是为语篇的理解打好基础的。

句型学习的目的是为语篇学习做准备的。在英语教学中，可以利用好教材，结合其内容，挖掘语篇中蕴含的文化信息，这样既有助于提高学生的阅读理解能力，也能从一个层面提高其语用和交际能力。

我们使用的教材，其内容应和学生的生活联系紧密，能为教师课堂教学中的文化渗透提供丰富的素材。不同的教材在编写上应呈现出不同阶段的教学内容和知识相互联系，螺旋递进。每个单元围绕一个话题展开，包括学校生活、家庭生活以及社会生活等各个方面的话题，涉及英语国家的部分文化，为实施跨文化教学创造基础。

教师可以通过“文化旁白”，介绍和文本有关的文化知识。教师也可以组织学生讨论，从而加深文化背景知识的理解。对一篇文章能透彻地理解，除了有一定的语言知识外，还应具备一定的专业知识和背景知识。有时候学生不理解文章，并非因为英语语言水平欠缺，而是因为对文化背景知识缺乏理解。所以，要提高学生的语篇理解能力，应尽可能地让学生了解英语国家的文化背景知识。

教师在教授直接介绍文化内容的文本时，可以首先让学生完整阅读，理解内容，教师为学生扫除语言障碍后，可以启发学生概述文章内容，以便系统、完整地吸收教材中的文化知识。在概述的同时学会语言的运用，也是和阅读高度统一的。

如果文本是介绍人物的，教师就可以结合名著或名人传记之类，让学生更多了解西方的社会制度、价值取向、文化知识等。如果教材中有文学名著的节选，也可以趁势介绍其社会背景。文学作品具有较高的赏析性，它是了解一个民族的心理特点、文化特色、风俗习惯等方面最生动、最丰富的材料。欣赏文学作品能提高学生的文学修养。文学作品中常常能体现深厚的文化，文学作品、名人传记能够提供给学生形象、具体、深刻、全面的材料。学习文学作品，不仅有助于提高学生的文字水平，还可以提高他们的文化素养，使学生能够更加深刻地了解目的语文化。

四、文化导入的方法

遵循文化内容的导入原则，在英语教学中，可以通过以下方法逐步培养学生的文化意识。

（一）挖掘教材，发现内涵

在英语教学中背景知识同语言知识同样重要，二者相辅相成，是阅读中不可分割的两个方面。读者在阅读过程中同时进行两种活动：一是从背景知识出发对文义进行推测，二是从文字信息出发对推测进行核实。由于英汉两种语言都带有自身的民族文化色彩，反映不同的文化信息，因此学生在阅读理解的时候会遇到许多困难。有时候，学生对词汇、句法结构都理解，却仍然不能理解文章的意思。正如研究阅读过程的专家所言，读者很难理解对其内容一无所知的篇章或与他们自己的经验不相关的篇章。所以这就要求教师在教授的过程中，挖掘文本内的文化背景信息，从而提高学生的阅读理解能力。

英语教材应融合学生为本的教学理念，以其广博的信息含量、原汁原味的英语、贴近生活的课文内容，为教师提供开展跨文化教学的新途径。英语教师应当充分挖掘教材内容，突破常规教学模式，多渠道、多角度创设有益于学生身心健康发展的教学活动，使英语学科的人文性得到凸显。

（二）延伸教学，开阔文化视野

在充分发掘教材的基础上，还要注意对课外的补充读物、材料进行积极收集、耐心筛选和大胆使用，一方面可以充实教学内容，另一方面又可以增加学生的文化知识。

(三) 听说渗透，体验文化交流

在英语听力教学中，常常出现学生用于听力练习的时间不少，可效果不明显的现象。除了学生自身语言学习存有障碍外，一个关键原因就是缺乏对文化背景知识的应有了解。听力内容往往涉及文化、教育、经济等各个层面，听力检测实际是对一个人的英语综合能力的检验。

人们都有这样的体会：当所听材料是自己非常熟悉的某些方面事件时，容易听懂和理解。但是，遇到不熟悉的材料时，就算简单，也未必能真正理解。归根结底，还是由于文化背景知识的匮乏。其实，在我们平时所使用的听力材料中就包含大量的可用于跨文化交际的内容。

(四) 利用多媒体，再现真实语境

多媒体教学手段在现代英语教学中已经应用得十分普遍。多媒体在创设社会文化情景方面有其独到之处，它能结合教学内容创设栩栩如生的情景，使学生产生身临其境的感觉，有些多媒体还能与学生进行互动式的交流，对学习社会文化知识帮助尤其显著。在教学过程中，为了有助于良好的英语学习氛围的营造，教师应做一个有心人，收集整理一些与课文内容相关的音像资料，利用多媒体的教学手段，根据教学内容有的放矢地展示英语国家的文化知识，便于学生直观了解英语的实际语用功能，加深文化理解。有的时候，教师也可以自己剪辑、制作，甚至邀请学生一起制作，这样的师生合作，能极大地增进课堂教学效果，增强文化知识。

(五) 开展多种活动，增强文化意识

英语教师通过开设与跨文化交际有关的拓展课，延伸英语课堂教学，提高学生的英语以及跨文化交际能力。还可以在校园开展各种英语活动，增强学习英语的氛围。比如，开设异域风情、英国文化初探、英美歌曲欣赏等一系列的课程，或开展研究性学习，教师分组引导学生们对英语国家的文化、风俗和习惯等方面进行自主研究。这些方式下，学生的积极性很高，可以取得很多优秀的研究成果，既调动了学生学习英

语的积极性，又培养了学生主动探究的精神。学生们在研究讨论过程中相互学习，自觉取长补短，彼此合作探究的过程，加深了他们对语言文化的理解，取得了较好的学习效果。

如果学校条件允许，可以充分利用各类海内外的交流活动，让学生眼见为实，身临其境，从而起到学以致用、提高能力的作用。如今，很多高职院校里也开始不断有各种机会接待一些国外来华交流的学生，这些活动为学生更好地学习英语、运用英语、进行跨文化交流创造了良好的条件。英语教师应该充分利用好这一机会，正确地引导学生进行一些文化交流的活动。

除了课堂的文化教学以外，将课外活动与英语文化教学结合起来，选择任务型模式于教学中，是增强学生文化意识的补充，更是发展交际能力的重要延伸。学习者如不及时在交际中内化其熟记的社会文化知识，其社会文化能力乃至整个交际能力仍无法得到进一步提高。在新课程改革的机遇与挑战面前，作为基础教育一线的英语教师，要提倡新型的学习模式，大胆探索，不断创新，在教学中反思，在反思中提高，进一步朝着教学艺术化的高水平、高境界迈进。

因此，要开展丰富多彩的课外活动，让学生在巩固语言知识的同时，强化文化意识，提高语言运用能力。多创设形式多样的语言环境，帮助学生加强对文化知识的实际运用。

第五章 文化与高职英语教学融合的相关问题探究

随着全球化的不断发展，中国与世界交流的机会与日俱增，现代化科技的日新月异也使得我们对来自异国的社会与文化有了更多的接触和了解，同时要求21世纪的人才要学会与来自世界各国不同文化背景下的人们相处，熟知对方的文化背景，进行跨文化交际的活动。跨文化交际活动从本质上来说是一项双向的活动，是两种文化相互碰撞和交流后产生的。在接纳异国文化的同时，应该学会保留和传播自己的母语文化，这才是跨文化交际的本质需要。如果在交际中缺少其中一方的文化，就会引起跨文化交际的不平衡，导致交际的失败。同时，随着中国在国际上地位的提升，也有越来越多喜欢中国传统文化的外国人来到中国，这就要求在外语教学中贯穿中国传统文化，使外语学习者掌握相关的中国文化背景信息，了解中国传统文化，为中国传统文化的输出打下基础。因此，在大学英语教学中，文化教学不可忽视，关于体现中国文化的内容更加必不可少。本章将对中国文化与大学英语教学融合的相关问题进行探究。

第一节 文化与英语教学融合的必要性

在大学英语教学中融入文化知识是非常必要的，这是时代发展的要求，也是传播文化的需要，更是学生综合素质培养的需要。

一、适应全球化多元文化发展的时代要求

文化全球化的重要特征是文化明显呈现出相互融合和多元性的趋

势。当今世界经济全球化的发展，高新技术特别是信息技术及其产业的迅猛发展，使人类的交往已经扩大到全球范围，形成了世界性的普遍交往。这就促使文化走向相互融合，从而减少和避免彼此间的对立和冲突。它们之间的冲突、交流和融合正呈现出一种新的态势——多元发展趋势。在全球化背景下，经济与技术的交往、商品和资本的流动、信息的快速传播、人员的跨国流动、大众传播媒介和网络的无所不在，使得各民族的文化突破特定的地域环境和社会语境变成一种“流动的符号”，融入一个全球性互动的文化网络之中，不同形态、不同民族文化之间的并存、比较与相互渗透第一次即时共性场景地展现出来，也使那些原来长期以自我为中心的文化或文明直接感受到“他者文化”的存在，进而产生对“他者”的尊重和理性认知。可以说，多元文化或文明间的差异性正在成为全球化时代文化的基本格局。

当代大学生是民族的未来，国家的希望，肩负着建设国家保卫国家的重任，肩负着国家现代化的重任。因此，我们要充分认识到培养学生中国文化认同感的紧迫性和重要性。这种现实要求外语教育工作者高度注意教育这块培养学生中国文化认同感的主阵地。

二、培养大学生民族感情的需要

中国文化与大学英语教学相融合是大学生民族感情培养的需要。我国的传统文化博大精深，历史悠久。几千年来，它维系着中华民族的精神追求和文化命脉，也是世界文化体系中重要的组成部分。中华民族的传统文化是中华民族长期发展的产物，它的形成和发展有其历史的必然性和内在的规律性。在当今文化全球化过程中，继承和弘扬本民族的优秀文化传统，是有效抵御外来文化侵袭的需要和重要手段，在民族进步和历史发展的过程中起着多方面的重要作用。回顾中华民族的历史，我们更能清楚地看到，中华民族的传统文化特别是其中的优秀部分一直是我们的民族之魂，是维系中华民族生生不息的精神纽带，在中华民族的历史发展和社会进步中一直起着积极的促进作用。因此，我们必须强调

“文化自觉”，提升民族意识，培育民族精神，对中国传统文化中的优秀部分应结合现实需要加以提升和吸收。

不管是学校教育还是社会教育，都要对大学生加强对中国传统文化的教育和引导，让青年在继承优秀文化传统中去弘扬和培育民族精神。而外语教学中的中国文化认同教育不仅可以传授文化知识，而且还能通过历史事实激发学生的民族自豪感，激发爱国热情，培养爱国主义精神，树立民族的自尊心和责任感。

三、培养大学生人文素质和思想道德修养的需要

中国文化教育是培养大学生人文素质和思想道德修养的需要。大学生在小学、中学阶段曾经接受比较系统的母语教育，不断得到母语文化的熏陶。但是，他们的母语文化基础只是在无意识中建立的，是零碎而非系统的。特别是接受应试教育的学生，对《论语》《道德经》等哲理书，“四大名著”等古典著作可能从没进行认真的阅读。到了大学阶段，学生主要精力投入在除了专业之外的英语学习上，接触的大多是外语材料。

因此，我们必须让学生借助中国文化课程，学习中国文化知识，阅读中国相关文化书籍，系统、全面地学习了解本民族文化，有意识地吸收精华，加深文化内涵，让学生对祖国的传统文化有所了解并培养学生对祖国灿烂文化的热爱之情，从而激发他们对人类社会发展的责任感和使命感，只有这样才能提高大学生的整体人文素养和思想道德修养。

四、有利于大学生理解和弘扬中国文化

一个民族的文化是其屹立于世界之林的独特品质。中国是有着五千年历史的文明古国，祖先给我们留下了博大精深、光辉灿烂的文化遗产。像中国古代哲学思想、古代教育和科技成就；汉代的辞赋、唐代的诗歌、宋元的词曲、明清的小说和戏剧；还有医药、农业、天文、地理等方面的巨大成就，都闪烁着智慧的光芒。许多学者研究提出，中国文

化是能够在21世纪发挥日益重要作用的文化。我国国学大师季羡林先生也提出“东学西渐”的理念来论述中国文化对当今世界的影响。在文化全球化遍布全世界，在与西方社会交流频繁的今天，我们需要更多的能熟练掌握外语并能利用外语向西方弘扬中国文化的人才。发展和弘扬本民族文化已经成为我国的当务之急。在跨文化交际中，英语语言只是一种交流的工具，其实质是双方思想和文化的交流。

作为青年人的大学生，既是西方国家“文化渗透”的对象又是我国文化对外传播的承担者，理应在英语学习中加强对母语文化的积淀，担负起传承中国文化，与世界人民共享人类宝贵精神财富的任务。尤其是英语专业学生在学好英语语言文化的同时，必须系统地强化中国文化达到能用英语娴熟而准确地表达中国文化的程度，向世界传播弘扬优秀的中国文化，以利于人类的良性发展与和谐世界的创造。

五、有利于学生提高语言综合运用能力和交际能力

大学英语教学中融入适当的中国文化教育是有利于学生提高语言综合能力和交际能力的。大学英语的教学目的是“培养学生具有较强的阅读能力和一定的听、说、写、译能力，使他们能用英语交流信息。大学英语教学应帮助学生打下扎实的语言基础，掌握良好的语言学习方法，提高文化素养以适应社会发展和经济建设的需要”。大学外语教育应有助于学生开阔视野，扩大知识面，加深对世界的了解，借鉴和吸收外国文化精华，提高文化素养。与此同时，外语教育也应有助于进一步了解本族语的文化精华并掌握它们相应的外语表达。

充分掌握母语与母语文化是外语学习和外语交际能力不可分割的重要组成部分。许多著名的翻译家如钱锺书、巴金、鲁迅、瞿秋白、叶君健、杨宪益等，他们本身就是中国文学作家。他们的译作水平至今仍无人能及，因为他们本身就是中国文化专家。未来社会的外语人才不仅仅具有较高水平的外语知识、外语技能和外语交际能力，还必须同时具有很高的个人素质，如高度的社会责任感与强烈的民族自尊心等，这是外

语教学中不可忽视的义务。在此当中，外语教学中的中国文化教育将对此贡献出它应有的力量。

第二节　文化与英语教学融合的方法

一、利用文化包传递文化差异的信息

文化包最早是在1961年由外语教师Darrel Taylor和人类学家John Sorensen提出，之后就成为跨文化学习的重要方式。该方法在课堂上需要花费5～10分钟，全面地讲述母语文化跟目的语文化之间的特点和区别，而且充分地采用媒体手段来展示这种差异，进而让学生提出疑问，针对出现的问题进行分析和研究。它具有以下两个特点：一是主题非常灵活，二是具有感官刺激，所以易激发兴趣。很多英语教材中都有涉及，并且将其作为新课程导入的前奏。根据张红玲的研究，在特定的时间内完成有效的文化包存在较大的难度，所以每次都由两位同学配合完成，并且将最终的结果汇报给教师，一般将准备的时间确定为一周。在选择主题方面，根据学者的研究，将根据比较内容的特点，循序渐进。根据沈银珍的研究，她把文化比较归为五类：习俗文化、思维文化、历史文化、心态文化、体态文化。与此同时，需要立足实践，并且将每一个文化包作为突破点，通过一些词汇来展示出习俗、思想之间存在的差异。在文化分析理论的基础上，全面客观地分析中国语境文化呈现的内隐性和集体主义的倾向。学生在教师的帮助下，可结合中国历史文化的特点，设计出“中国诗歌”“四大发明”“印章篆刻”“宾客宴请之礼”“礼尚往来”等主题文化包。

二、利用课堂随文解说，进行文化导入

教师可以结合“本土文化”来教学，在实际课堂教学中，学生所接触的素材大多是英美国家的文化、历史与现状，中国文化在英语课堂上

介入量相当少。当教师在介绍西方的饮食文化时，也可以导入相对应的中国文化。

三、根据所学课文模拟写作

语言的深层共享能力实质上就是语言迁移的机制，所以教师和学生应该全面系统地认识到母语在外语学习中的地位和影响，从而提高学生的英语写作和表达能力。母语对二语写作的影响一般是从写作的理解、语言的要求上体现出来的，而语言结构、词汇量等贯穿在写作的方方面面。母语在一定程度上丰富了二语的内容，并为其提供了丰富的素材。

四、设置校本课程，系统介绍中国文化

课程标准的理念之一就是大学的英语课程要满足不同学生的所有需求，力求多样化。国家课程无法满足不同地区不同学生的需求，而英语校本课程的开发可以弥补国家课程的不足。课程内容和学习要求都必须有相通性与层次感、必要性和选择性。在大学开设选修课是新课改的一个亮点，提倡国家、地方和学校三种类型课程相结合，增加选修课的比重，鼓励自主学习，提倡人文教育。新课程改革强调课程内容要与实际生活和现实社会相联系，力求将课程知识与学生的生活联系起来，与社会和科技的发展联系起来。课程内容不仅要包含学生必备的基础知识和基本技能，还要充分反映学生的学习兴趣和自身经验；不仅要有传统的经验性知识，还要有与时俱进的新的知识元素；不仅要有传承的知识成分，还要有必须创新的知识空间。

就目前而言，设置大学英语校本课程时应考虑有利于促进学生英语专业学习的原则，有利于培养学生综合素养和能力的原则，有利于激发和保持学生学习英语兴趣的原则，有利于学校学科课程建设的原则，有利于服务地方的社会、经济和文化的原则。校本课程一般有固定模式、讲座模式、技能学习模式、活动型模式和自学型模式。开设英语选修课教学的步骤：

第一，依据内容收集相关素材。讲授文化背景方面的知识，仅靠书本所提供的内容是远远不够的，一般都要组织学生从别的地方寻找，加以补充。这样授课的内容才显得丰富多彩，从而激发学习的兴趣。收集素材是一个长期的、点点滴滴积累的过程，所以任课教师要有这方面的意识，并付出一定的努力。

第二，依据学生的心理特征和学习需要选择必要的素材。前面提到的材料收集是“海选”的过程，得到的材料一定很多，但这些材料不一定都适合使用，必须依据教学对象情况及教学需求对素材做进一步的选择，使用最恰当的素材，使它更符合教学要求，尽量避免那些虽然与教学内容有联系但超出学生实际需要的素材。

第三，依据教学的需要进行教学设计。材料选定以后，即按教学步骤进行教学设计。设计的课件一定要与所教的内容相配合，形成一个统一体。设计的模式视实际情况而定，一般采用文字、图像、图文结合三种方式，有时也可以采用视频片段，但应当注意的是，课件内容要简繁得当，不要过于花哨。

第四，教学实施：①引入环节：用启发形式引入上课主题，即用提出问题的方式或讲故事的方式进入讲课主题，不论采取何种形式，一般不要超过5分钟；②讲课环节：以教师为引领者，步步深入，环环相扣。但是不必每一个环节都讲得十分清楚，要给学生留有思考的空间，培养他们思考问题的意识和能力，如对一些隐性的、较深层次的东西，教师就应该为学生设疑，启发、引导学生去探索，这个环节一般为20分钟；③讨论环节：让学生就所讲授的内容以小组形式进行交流，互通有无，起到消化、理解和巩固所学东西的作用，这是一个拓展知识的途径，教师可以为学生设置讨论题目，也可以启发学生自己去寻找题目和知识，但无论是哪一种形式，都需要教师的组织，以使活动有效进行；④总结环节：教师结合学生的讨论情况对教学做总结性的发言。

五、增加课外阅读，汲取文化养分

学习任何语言的前提都是广泛地阅读各类书籍和资料，我们的母语水平就是在阅读中逐步提高的。在交际环境缺乏的情况下，阅读为英语语言学习提供了有力的工具。阅读是一个主动、积极的思考过程，并不是被动地接收信息，在此阶段需要学习者将生活的体验与主观能动性有机融合在一起，学习者在阅读之前需要根据人的记忆结构、语言符号特点等，用自己所学的知识、经验等弥补文章的信息空白，通过创造性的思维，进而通过文字符号的含义，来促进信息的传播。阅读能够拓宽学生的视野，增加其词汇量，并且锻炼其良好的语感，在此基础上，更好地激发学生学习的兴趣。跨文化背景知识牵扯的范围比较广泛，所以教师无法在课堂上阐述文化背景知识，因此鼓励学生课外阅读是一个非常有效的弥补办法。

要多渠道拓展素材，可借助范围广、生动鲜活、与时俱进的书籍、网络、电视、报纸、杂志等。

在书籍方面，近年来很多外国人写作时会涉及中国的历史和文化，他们更重视多方收集证据，多方佐证，因此让我们对中国文化有耳目一新的感觉。林西莉的《汉字王国》选取200多个与人的生活息息相关的基本汉字，对每一个汉字细细讲解。迈克尔·麦尔的《再会，老北京》真实地记录了他的胡同生活，他碰到的胡同里的人和胡同的变迁；彼得·海斯勒的《江城》描写的是他工作的重庆小城涪陵的人与事。这些书都是来自英语国家的人用英语写的关于中国的书，从第三者的视角来描述我们熟识的人与事，使我们重新审视自己的国家和文化。他们的语言也是通俗易懂的，适合高中以上的英语学习者阅读，也有相应的中文版本可以参考。

在网络方面，可以登录宣传中国传统文化的官方网站——中国文化网。该网站提供了较权威的中国传统文化的英语表达，同时其中有很多与网民互动的活动，每天都会看到最新的具有中国特色的词汇。网络上提供了丰富、全面的英语教育资源，学生可以找到趣味性强、知识性强和时事性强的阅读材料。教师在教学的过程中可以有意无意地强化学生从包括网站等各种资源中获取知识和信息的能力。教师也可以先提供一个主题，然后对学生从各个信息源收集到的材料进行汇总和归纳，对学生的自我探索予以鼓励。久而久之，自主地学习就会成为一种习惯。网络空间中蕴藏着丰富的英语资源，这为学生学习打下了坚实的基础。

在电视方面，如 CCTV-9 和 CCTV-10 其中的“Travelogue”“Culture Express”“希望英语”都是不错的选择。

在报纸、杂志方面，《21 世纪报》是中国内地比较权威、英文资源比较丰富的英语时事周报，主要特色是用以报道文化背景、文化内容和发展方向等；《英语世界》杂志有“小百科”之誉，选材比较典型，能够全面提高英语学习者的综合素质，在此过程中还可以了解时代新的元素。另外，中文的《旅游》《旅游纵览》《旅游天地》等，上面都带有实景图，并对国内外的风俗民情等进行了对比和分析。

综上所述，在大学英语课堂强化中国文化教学，要保证长期性、系统性，要形成强化中国文化教学常态，让中国文化教学成为大学英语教学的一部分。根据现有教材编排系统的中国文化教学材料，尽可能给学生创造跨文化交际的真实场景，充分利用现代化教学设备，营造生动活泼的课堂气氛，发挥学生的热情和主动性，提高英语水平，培养跨文化交际能力。

第六章　文化在高职英语教学中的应用方法

在我国，素质教育体系正在经历创新性的发展，新的教育理念要求大学英语教学融入中华优秀传统文化，以培养学生的良好道德素养。这已经成为互联网背景下高职院校学生发展的不可或缺的一部分。为了更有效地发挥英语教学的作用，教师必须在大学阶段采取合适的教学策略，将中华优秀传统文化与英语学习紧密结合，以切实促进学生的全面发展。在大学英语教学过程中，教师通过互联网可以拓展教学内容的传播范围。借助互联网的时代背景，大学英语教学与中华优秀传统文化的结合性发展可以采取多种措施：设计多样化的教材，将英语学习与中国传统文化相融合，以增强学生对文化内涵的理解；根据线上线下相结合的方式，开设相关文化活动、举办讲座等，让学生在实践中感受到英语和中华优秀传统文化的结合之美；等等。在英语教学中，教师应注重培养学生的跨文化交际能力。除了英语语言技能，学生还应具备理解和宣传中华优秀传统文化的能力。因此，教育者应通过教学课程，引导学生了解中国的价值观、历史传统和社会习俗，从而让学生在跨文化交际中做到得体而自信。

第一节　高职英语融入文化的基本原则

一、相互渗透原则

在当今世界，随着信息技术的迅猛发展，教育领域也迎来了互联网时代，这一时代的到来不仅对传统的教学模式提出了新的挑战，更为重要的是，互联网还给大学英语教学的发展带来了前所未有的机遇。在这样的背景下，将大学英语教学与互联网相融合，实现文化的有机结合，既是一个必然的方向，也是一个充满挑战的课题。大学英语教学不再是简单的知识传授，而应注重培养学生的综合素养和跨文化交际能力。这要求教育者从教学的理念、内容和方法等方面进行创新，以适应互联网时代的发展需求。教育者应借助互联网技术，创造多样化的教学环境，为学生提供丰富的学习资源。学生可以借助网络平台，随时随地获取英语学习材料，也可以参与在线讨论、互动交流，从而提高学习的效率和趣味性。

在大学英语教学中融入文化方面的知识，不仅有助于学生更好地理解英语的语境和文化内涵，还能增进他们对本国文化的认识和理解。教育者应具备跨文化交际和文化比较的专业知识，以便深入浅出地向学生介绍中西方文化的异同，让他们在学习中得到启发，这也能培养他们的思辨能力和跨文化交际技能。互联网时代为大学英语教学的创新提供了广阔的空间，教育者可以设计在线课程，结合多媒体技术，以图文、音频、视频等形式，生动地展示中西方文化的内涵；还可以开发学习应用软件，根据学生的学习情况，个性化地推荐相关文化内容，从而提高学习的针对性和效果。

二、彼此尊重原则

我国文化的丰富内涵和深厚历史渊源为大学英语教学与互联网时代的结合提供了广阔的空间，二者的结合也使其能够以更加鲜活的方式传承和发展。在这一过程中，一个重要的原则就是彼此尊重，即在融合中保持文化的独特性和多样性，实现文化的交流与互鉴。我国文化作为源远流长的文化体系，具有丰富的哲学思想、道德准则和价值观念。大学英语教学的互联网模式，能将传统文化的核心价值以多媒体形式传播给学生，不仅帮助他们理解中国文化的深刻内涵，还能够让他们在实际交际中践行这些价值观。

要实现不同文化的有机融合，尊重原则至关重要。我国文化与其他文化并非割裂地存在，而是相互渗透、相互融合的。在这个过程中，学生需要具备开放的心态，尊重不同文化的差异，不将其中一方的文化凌驾于另一方之上。教育者在教学过程中，既要传递文化的精髓，也要尊重学生的思想和观点。鼓励学生在交流中提出不同的见解，从而提高跨文化交际的广度和深度。教育者也要积极参与文化融合的过程，不仅要在教学中展示文化的异同，还要帮助学生理解其历史和背景。

三、循序渐进原则

在认识事物本质的过程中，循序渐进的方法常常被采用，为人们提供了不断了解、深入研究和学习的途径，从而实现知识的积累与应用。大学英语教学与互联网的结合，在教学中融入传统文化知识，同样需要一定的层次和步骤，以确保学生能够由浅入深地进行学习，实现知识的量变与质变。大学英语教学需要建立一个扎实的语言基础，这是学生进行更高层次的文化学习的前提。语言是文化的载体，只有掌握语言表达能力，才能更好地理解和传达文化内涵。在线学习平台能够使学生接触到丰富的英语课程，掌握基本的词汇、语法和表达技巧，为后续的文化学习打下坚实基础。文化知识的渗透需要与语言学习相结合，在教学中教师可以选择与文化有关的英语教材和材料，以帮助学生在学习语言的同时了解文化。例如，通过学习与中国传统节日、名人、历史事件相关的英语材料，学生可以更深入地理解中国文化的独特性和价值观。随后，教师可以利用多媒体教具增强教学效果。多媒体技术可以使教学更具吸引力和趣味性，从而提高学生的学习积极性和效果。音频、视频、图像等可以生动地展示传统文化的方方面面，让学生更加直观地感受到文化的魅力。多媒体教具也能为学生提供在线指导和交流的平台，使他们能够在学习中得到及时的帮助和反馈。慢慢地，学生应开始学习更深层次的文化知识，包括文化的历史、哲学、艺术等方面，这些知识应涵盖文化的精髓和内涵。在线学习资源有助于学生学习到与传统文化相关的专业知识，如中国古代诗词、哲学思想、传统绘画等，它不仅丰富了学生的文化素养，还培养了他们对文化的深刻理解和欣赏能力。大学英语教学的目标是实现从量变到质变，让学生不断积累知识、运用知识、深化理解，这样学生就可以逐渐形成对传统文化的深刻认知，实现对文化内涵的把握和表达。此种转变不仅应在语言层面上有所体现，更应在对文化的思考和体验中体现出来。

四、与时俱进原则

在当今社会，随着科技的飞速发展和信息时代的到来，教育领域也面临着前所未有的挑战和机遇。大学英语教学作为教育体系的重要组成部分，同样需要与时俱进，充分利用现代科技手段，将传统文化融入其中，以实现教育效果的最大化。与时俱进的原则要求教育体系与社会的发展同步，传统文化的教育理念虽然具有深刻的人文内涵，但随着社会的不断变革，人们需要在现代语境中重新诠释和应用有关理念。大学英语教学在融入传统文化时，要能够理解文化内涵的本质，同时将其与现代社会的需求相结合。这要求教师具备丰富的跨文化交际经验，能够引导学生将传统文化知识应用于现实生活中，实现文化的传承和创新。

借助现代互联网技术，大学英语教学可以更好地实现传统文化的教育目标。互联网的出现极大地拓展了教育的边界，使教学不再局限于传统的教室环境。在线学习平台、教育应用程序等，有助于实现学习路径的个性化。教师可以将丰富的传统文化资源上传到互联网上，供学生随时学习和借鉴，这不仅使学生的学习更加自主、灵活，还为传播传统文化提供了新的途径。秉承传统文化的精神，与时俱进也意味着要积极拥抱数字化时代的发展。例如，大数据分析技术可以帮助教师更好地了解学生的学习情况和需求，从而调整教学内容和方法。虚拟现实技术可以创造出沉浸式的学习环境，使学生仿佛置身于文化背景之中，更好地理解和体验文化内涵，从而有效提高教学的效果。

第二节　文化在大学英语教学中应用的可行性

一、跨文化交际的需要

在互联网发展迅速的今天，信息技术的进步极大地推动了文化全球化的进程。我国作为一个具有悠久历史和丰富文化传统的国家，在国际舞台上的地位变得日益重要，国际跨文化交流也变得越发频繁。

中华文化以其独特的魅力和智慧在国际上产生了广泛的影响，我国的文化价值观、哲学思想、传统艺术等吸引了众多专家学者研究。因此，将中国文化渗透到英语教育中是重中之重。在大学英语教学中融入中国文化，有助于学生更好地理解英语知识，还能够培养学生的文化自信和认同感，提升他们的自信心。

在互联网高速发展的时代，在大学英语教学中融合中华优秀传统文化变得更加可行。互联网为信息传播提供了全新的途径和平台，使文化交流变得更加便捷和广泛。通过网络，人们可以轻松地将中国的传统文化知识传播到世界各地，让更多的人了解和感受中华文化的独特魅力。在大学英语教学中，教师可以通过引入具有代表性的中国文化元素，如诗词、故事、传统节日等，结合语言教学展示其深厚的内涵和价值；同时可以通过网络技术，组织线上文化活动，如汉语角、文化讲座等，让学生与中国文化更加亲近。在实施这一策略时，教育者需要具备扎实的中华文化素养和英语教学经验，将中国文化融入英语教学中，创造丰富的教学内容和方法，激发学生的学习兴趣。例如，在教授英语词汇时，教师可以结合中国文化中有象征意义的词汇对英语词汇进行解释，如“和谐”“家庭”等。在教授语法和写作时，教师可以引用中国古代名句，让学生在学习语言的同时了解文化。在教授听力和口语时，教师可以中国传统故事和民间传说为素材，激发学生的创造力和表达能力。

二、提升学生自身文化素养的需要

中华民族作为拥有悠久历史和博大精深文化的民族，一直以来都非常重视对中国传统文化的传承和弘扬。中华优秀传统文化蕴含着丰富的价值观和智慧，不仅对中华民族的历史发展有深远影响，还对当今世界发展有着重要的启示。

将中华优秀传统文化融入大学英语教育是非常有意义的，互联网时代的到来为这一目标的达成提供了更多的路径。互联网技术可以将丰富的中国传统文化知识传播到全球，加强国际文化交流，引导学生更加深入地了解和认识中华文化的内涵。互联网可以为大学英语教育提供更多的教学资源和方法，可以让教师在教学中引入中国传统文化的经典诗词、典故等，结合语言教学展示其独特魅力。通过线上平台，教师可以开设文化讲座、交流活动等，促进学生对中华文化的深入了解。将中国传统文化融入大学英语教育，有助于提升学生的文化素养，也能够增强他们的自信心和自我价值感。在跨文化交流中，了解自己文化的根基和特点，才能更好地与他国人士进行交流和合作，并让外国人更好地了解中国，消除文化隔阂，促进文化的交流与共融。要实现这一目标，教育者需要具备深厚的文化素养，将中国传统文化与英语教学相结合，创造出丰富多样的教学内容。例如，教师可以通过讲解中国传统节日的由来，介绍中国古代哲学思想等方式，激发学生的兴趣和对中华文化的好奇心；还可以鼓励学生参与文化体验活动，如书法、茶道、京剧等，让学生深入感受中华文化的独特之处。

第三节　高职英语教学融入文化的方法

一、增加融合文化的重视度

在当今互联网蓬勃发展的时代背景下，大学英语教学的发展也迎来了新的挑战。如何将中华优秀传统文化融入大学英语教学，实现文化传承与英语技能提升的有机结合，成了一个值得深入探讨的课题。提高重视程度是基础。在互联网时代，教师和学生都应意识到中国传统文化的价值，理解其对英语教学的积极影响。教师应该具备较高的文化素养，将中国传统文化融入英语教学中，使学生在学习英语的同时领略到中华文化的独特魅力。学生则需要重视文化的学习，增强对自身文化传统的认同感，从而更好地理解文化之间的联系和差异。

将整个教学过程、教学目标和教学内容与英语核心教学理念相结合，是确保融入中国传统文化的关键。道德素养和爱国主义精神是中华文化的重要组成部分，应当在英语学习中得到体现。教师可以引导学生通过学习相关的中国传统故事、名人事迹等方式，来培养正确的价值观和情感。在英语学习的过程中，阅读与中国文化有关的英文资料，也能加深学生对中华文化的理解，同时培养他们的爱国情感。中华优秀传统文化在互联网时代的传播可以借助英语的学习来实现。教师可以培养学生对传统文化的兴趣和爱好，激发学生对中国传统文化的热爱，从而在英语学习的同时让学生更加深入地了解中华文化。例如，教师可以设计与中国传统文化相关的主题活动，开展英语交流与讨论活动，引导学生深入思考文化内涵。中华文化的独特性需要在英语教学中得到准确的呈现，教师可以引导学生比较文化的不同之处，让学生在了解中华文化的同时，认识到各国文化的多样性，这有助于培养学生的跨文化意识和包容心态，让学生更好地适应经济全球化的环境。在融入互联网和多媒体技术的教学策略中，必须将最终目标与英语技能的提升相结合。教师在设计教学内容时，应充分考虑如何在传播中国传统文化的同时，提高学生的英语水平。使用多媒体教具、在线资源等，可以将中国传统文化以更生动有趣的方式呈现出来，激发学生的学习兴趣。在学习英语的过程中，学生也能够更加深入地了解文化内涵，实现知识和技能的双丰收。

二、选择文化学习的内容

在当今的教育环境中，教师应将英语教学与中华优秀传统文化结合起来，实现有机融合，提升学生的英语水平，并传承和弘扬中华文化。然而，要实现这一目标，并不能仅仅依靠简单地将传统文化灌输到英语教学中的方式，更需要深入探讨有效的应用方法，使之在互联网时代下焕发新的活力。在注重从古至今文化演变的过程中，教师需要深入了解中华优秀传统文化的历史演变，探寻文化的根源和发展脉络，从诸多古籍、经典中汲取智慧，通过对历史事件、人物思想的分析，使学生逐步认识到传统文化的深厚底蕴。教师还可以对文化的变迁、演进过程进行讲解，引导学生发现文化的多样性和包容性，培养他们开放的学习态度。在思想形成和观念态度养成的过程中，教师应关注传统文化在塑造个人品格和价值观方面的作用，引导学生学习传统文化中的优秀思想。在融合与应用的过程中，需要借助互联网技术创造丰富的教学资源，建设虚拟教室、在线学习平台，将中华传统文化的经典作品以英文形式呈现给学生，为他们提供更多的学习机会，并利用社交媒体、博客等工具，鼓励学生分享自己对中华文化的理解和体会，鼓励同学之间的交流与合作。在阅读教材选取方面，教师可以选择涵盖中华文化的英文资料，让学生通过阅读来了解中华传统文化。在听力训练中，教师可以使用与中华文化有关的音频材料，让学生感受文化的魅力。在口语练习中，教师可以引导学生用英语表达自己对中华文化的理解和观点，从而提高他们的口语表达能力。教师还可以通过影视作品传递中华文化，选择一些有代表性的中国电影、电视剧，将其英文版引入课堂，让学生从影视中感受中国文化的独特魅力。教师还可以结合讨论、写作等方式，引导学生对影视中的文化元素进行深入分析，加深他们对文化的理解。

三、提高教师综合素质

当今时代快速变化，教育的核心使命是培养适应社会发展需要的优秀人才，高职英语教育作为教育的重要组成部分，既要传授英语技能，更要传递文化理念。高职教育中，中华优秀传统文化的融入显得尤为重要，这不仅可以丰富学生的知识储备，还能促进他们全面发展，引领他们成为具有高度文化自信的现代化社会主义建设者。教师作为教学过程的引导者和推动者，不仅需要具备扎实的学科知识，还要具备丰富的文化素养，深入理解中华文化的内涵与价值。在教学中，教师要善于将中华文化的元素融入英语课程，创造丰富的教学内容，让学生在学习英语的过程中感受到文化的滋养。教师在授课过程中应充分发挥引导作用，除了引导学生理解语言，更要让学生理解其中的文化背景和情感内涵。在个性化发展方面，教师应根据学生的兴趣、特长和学习风格，量身定制教学内容和方法。例如，教师可以鼓励有兴趣的学生深入研究某一方面的中华文化，进行专题研究，从而在深度上获得更多的收获。同时，教师还要关注学生的反馈和需求，及时调整教学策略，确保教学的针对性和有效性。教师应不断提升自身的综合素质和教学水平，参加培训、学术研讨等，不断更新自己的知识储备和教学理念，以更好地引导学生学习，并且应不断反思和改进教学实践，寻求适合自己和学生的教学模式，不断创新教学方法，提高教学质量。

四、创新英语教学模式

教育是社会发展的重要引擎，而在如今的快速变革时代，教育体系和教学模式也需要与时俱进，以更好地适应学生的成长需求和社会的发展趋势。在这一背景下，互联网教育理念应运而生，这一理论旨在通过互联网技术的应用，为教育带来新的可能性和机遇。将中华优秀传统文化融入高职英语教学中，是对文化传承的责任，更是为学生打造更具深度和广度的学习体验的有效路径。互联网教育理念的出现，打破了传统教学的束缚，为教学带来了更多的可能性。在这一理念下，教育不再是单向的知识传授，而更注重学生的参与和互动。高职英语教学可以借助互联网技术，为学生提供丰富的学习资源，如在线课程、学习平台、多媒体资料等，让学习变得更加灵活和个性化。将中华优秀传统文化融入高职英语教学中，需要更加灵活的方法和策略。一方面，教师可以通过编写以中华文化为背景的英语教材，选取与文化相关的课文和话题的方式，让学生在学习英语的同时了解中华文化的精髓。另一方面，教师可以借助互联网平台，引入中英文对照的文化经典，让学生在比较中体会两种文化之间的差异和共同之处。在互联网时代，高职英语教学不再是孤立的学科，而是与其他学科紧密结合的，应为学生创设多元化的学习体验。例如，教师可以将中华传统文化与文学、艺术、历史等学科相结合，开展跨学科的探讨和研究，让学生在学习中体会到文化的综合性和交叉性。

五、增强文化差异意识

在当今经济全球化的背景下，不同地区和国家的文化差异越发显著，这给高职英语教学的文化融合提出了新的挑战，也是新的机遇。为了更好地推广中华优秀传统文化，实现文化教育理念的落地，教师需通过有效的教学方法，培养学生对多元文化的认知和认同感，提升他们的跨文化交际能力，实现文化传承与融合的目标。在多元文化的背景下，文化的多样性成为一个不可忽视的现实。在高职英语教学中，教师需要注重培养学生对不同文化的敏感性和尊重态度，以及对中国文化的自信。引导学生学习中国传统文化，使其深入了解中华文化的博大精深，同时令学生了解其他国家的文化特点，可以培养他们的文化包容性。语言表现能力在英语教学中具有重要地位，培养学生的语言表达能力，可以让他们更好地在跨文化交流中表达自己的观点和理解。教师在实际教学活动中，可以设计各种口语、写作任务，让学生用英语描述和比较不同国家的文化，从而提升他们的英语交流与沟通能力。

互联网时代为跨文化交流提供了便利，也为文化教育提供了新的途径。互联网技术可以将多样的文化资源融入教学之中，为学生呈现丰富的文化图景。例如，教师可以通过线上文化课程、文化交流平台等，让学生进入虚拟的文化情境，与不同国家的人进行交流，从而加深对文化差异的认识。文化传承与融合需要学生从内心深处产生共鸣，教师在教学中可以采用情感教育的方式，激发学生对自己文化的认同感和自豪感。例如，教师可以通过讲述中华民族的历史传奇、英雄事迹等，引发学生的情感共鸣，进而让他们深入了解和传承中华文化。

六、形成正确的文化价值观

在当今社会，文化的交融与碰撞日益频繁，培养学生正确辨别文化价值观念以及事物分辨的能力变得尤为重要。这需要学生具备一定的思维判断能力和价值取向，特别是在最高层次的价值观念方面，这也是文化的体现。而正确的世界观、人生观和价值观的塑造对个人和社会的积极发展起着良好的推动作用。此种背景之下，通过主流的价值思想，传承中华优秀传统文化中“仁、义、礼、智、信”的价值观念，是促进文化融合性发展的关键一步。除了在教学中传递这些价值观念，教师更要在实际的学习和生活中培养学生的价值判断能力，教师可以通过在大学英语教学中讲解文化背景、文学作品、历史事件等内容，引导学生思考和分析不同文化中的价值观念，培养他们的辨别能力。

七、将文化融入高职英语教学体系

在当今社会，随着经济全球化和信息技术的快速发展，互联网已经深刻改变了人们的生活方式和思维模式，同时为文化传承和教育体系带来了全新的挑战与机遇。尤其在高职英语教学中，如何将中华优秀传统文化有机融入，使其在教育中发挥积极作用，是一个需要深思熟虑的课题。传统文化是一个民族的灵魂，它凝结着历史的智慧和人民的精神追求。在英语教学中，教师可以通过选取与中华文化有关的课文、主题，引导学生了解传统价值观念，如仁爱、和谐、忠诚等，从而塑造学生正确的世界观和价值观。在融入传统文化时，教师也要充分借助互联网的力量，创新教学方法。例如，教师可以利用在线论坛、社交媒体等平台，开展跨文化交流与互动，让学生通过与海外学生交流，更好地理解方文化的差异与共通之处，在提升学生英语沟通能力的同时，强化学生对中华优秀传统文化的认知。

互联网时代，信息交流更加便捷，但这也容易造成文化的碰撞和冲突。在教学中，教师可以通过引导学生分析文化的差异，培养他们的文化辨别能力和包容心态，使他们在跨文化交流中能够更好地应对各种挑战。在落实这一理念时，教师应成为学生的引路人和启发者，根据丰富的教学经验，将中华传统文化与英语教学巧妙结合。

八、发挥现代教育技术的优势

在当今社会，互联网的理念已经在各个领域展现出其巨大的影响力，教育领域也不例外。在信息化、数字化的时代背景下，大学教学亦需不断变革创新，将中华优秀传统文化融入互联网的教育理念中，以促进教学形式的进一步发展。互联网教育理念以其便捷、高效、多样的特点，为大学英语教学提供了全新的思路和工具。将中华传统文化与互联网相结合，可以在传统文化的传承上创造新的方式，并在英语教学中注入更多文化元素，增强学生的学习兴趣，提高学生参与度。教师应以崭新的教学手段、全新的教育模式，采取视觉和听觉共同的教育形式，创设出生动、形象、活泼、真实的教学环境，用优秀的文化传播形式提高学生的学习效果。

九、把握文化融入高职英语教学的切入点

在当今世界，一个国家国际地位的提升取决于经济和政治实力，同时与文化传播的广度和深度密切相关。中国作为一个拥有五千年悠久历史的文明古国，其深厚的中华优秀传统文化是塑造国家形象、扩大国际影响力的重要力量。在这样的背景下，高职英语教学肩负着重要的使命和责任，即通过跨文化交流的途径，将中华优秀传统文化传播到全球，进而为提高我国的国际地位做贡献。要实现这一目标，需要在全国范围内形成统一的发展共识，将传播中国文化的任务纳入教育体系中。大学阶段是培养高素质人才的关键时期，因此，在英语教学过程中融入文化传播成为必然选择。除了传统的听、说、读、写、练等环节，教育者还

应在大学教育中加入文化传播的元素，让学生在学习英语的同时，深入了解中国文化。教师在教学过程中应准确把握教材中的文化内容，创新教学方式和体系，帮助学生理解文化内涵。教学评价和考核也应强调学生对中国文化的运用和表达能力，从而激发学生进行文化传播的兴趣和热情。

第七章　文化融入高职英语自主学习的策略

第一节　文化融入高职英语自主学习的理论基础依据

外语教育理论始终在发展。在国内外，语言学家、应用语言学家、教育学家和心理学家各自探索，力图揭示外语教育的规律，解析语言习得与教学的关系，有效推动理论的深化，并孕育了许多有价值的现代语言教育理论成果，为新时代的外语教育提供了坚实的理论支持。在深入探索外语教育规律的过程中，多种理论涌现，为教育实践提供了重要指导。其中之一是语言习得理论，它强调通过创设环境让学生习得语言，为教师教学提供了新思路。文化生态学理论则从文化角度考察语言习得，强调语言与文化的紧密联系。教育生态学理论关注学习者在特定环境中的成长，对创造良好的学习环境具有重要意义。建构主义学习理论强调让学习者主动建构知识，与积极学习理论相呼应，促进了个体的自主学习。合作学习理论提倡合作与互动，丰富了课堂教学模式。多元智能理论强调个体在不同智能领域的发展，为因材施教提供了理论依据。数据驱动学习理论借助数据分析，优化教学过程，个性化指导学生学习。自主学习理论、基于学科内容的语言教学理论等，也在理论研究中有所体现。《大学英语教学指南》为教师提供了实践指南，为课程设计和教学提供了参考。有关理论的发展为语言教育提供了丰富的方法论，更为中国文化英语的学习和研究奠定了坚实的基础。特别是在互联网时代，有关理论可以与现代技术相结合，创造出更具创新性和实效性的教学模式。用在线互动、多媒体资源等方式，将中华优秀传统文化融入英语教学中，既能提升学生的语言能力，也能传播中华文化的价值观念。

一、文化生态学理论

初期的文化生态学研究主要由人类学家领衔，探讨人类文化与自然环境的紧密联系。然而，随着时间的推移，文化生态学的研究领域被逐渐拓展。20 世纪 90 年代以来，文化生态学不断发展壮大，吸引着来自不同学科背景的研究者。文化生态学认为，每一种文化都类似于一个动态的生命体，不断演变，以各种方式交流互动，并形成了不同的文化群体、文化圈和文化链。每一个文化群体都是整个人类文化体系的有机组成部分，都在维护整体文化完整性方面发挥着独特的作用。由此可见，每一种文化都拥有独特的价值和特点，其与多种文化相互交融、共同演进，为人类文化的丰富性和多元性贡献着力量。文化生态学的理念也强调，多元文化在顺应自然环境和社会发展的前提下，既要维持各自的核心价值观，又要能够相互包容、和谐共生，鼓励人们以动态、和谐的视角看待文化，提倡保持语言和文化的多元性，同时促进不同语言和文化之间的融合与发展。在经济全球化的今天，文化生态学的观点与理念更具现实意义。不同国家和地区之间的文化交流变得更加频繁，文化多元性得到进一步彰显。在此背景之下，文化生态学的研究不仅为人们提供了对文化保护、传承和发展的深刻思考，还为跨文化交流提供了新的角度。

二、教育生态学理论

教育生态学最早起源于西方，研究探索教育环境与社会生态之间的相互关系。这一概念最早于 1966 年由英国学者埃里克·阿什比引入，他提出了“高等教育生态学”的概念，这标志着生态学的原理和方法开始被应用于高等教育领域的研究。教育生态学的研究关注教育环境、社会背景和个体发展之间的相互作用，探究教育系统内外部的因素如何影响学生的学习、发展和成长，教育生态学帮助人们理解了教育的社会根基和内在动力。这一领域的研究方法多样，常常涉及多个学科的交叉。教育生态学强调教育系统的多层次性，从教室到学校，再到更大范围的社区和社会，每一层都对个体的发展产生着影响。因此，教育生态学不仅关注个体的学习和成长，还关注教育机构和社会环境对教育的塑造作用。教育生态学的发展为教育改革和发展提供了新的视角，深入研究不同层面的教育环境和社会背景，让人们能够更好地把握教育的本质，为改善教育质量和效果提供指导。教育生态学也促进了教育的社会化，提倡将教育纳入社会和文化的背景之中，推动了教育与社会的有机融合。

教育生态学作为一门崭新的交叉学科，汇集了自然科学与社会科学的精华，充分融合了教育学、生态学、心理学、行为学、管理学、人类学、系统论等多个学科的理论和技术。教育生态学以生态学的原理和方法为基础，旨在深入研究教育与多重因素之间的相互关系，揭示教育活动的生态系统特征，进而为构建和谐的教学环境提供指导。教育生态学以其独特的视角，关注着教育与自然、社会、规范以及生理、心理等多重要素之间的互动关系。结合有关的分析与研究，学者们探索出构成整个教育生态系统的三大要素（人、教育活动以及环境）之间的紧密联系和互动模式，从而揭示了教育生态系统的基本规律。在教育生态学的理念中，教学活动本身即一个复杂的教学生态系统，而教师与学生则是这一系统的核心主体。除此之外，教学条件、自然因素、社会规范、社会需求等诸多因素则被视为构成这一生态系统的重要生态因子。这一理论强调在教育生态系统中，主体与因子需要不断地进行调整和适应，以实现整个系统的和谐运行和可持续发展。动态平衡的观念体现了教育生态学对教育环境的深刻洞察，以及对促进学生全面发展的关键意义。教育生态学的发展不仅丰富了教育领域的研究视角，还为教育改革和发展提供了有益的启示。教育生态学以跨学科的研究方法，帮助人们更好地理解教育现象的本质，深入探讨教育环境与个体发展之间的内在联系。教育生态学的理论也鼓励着人们以更加全面、系统的方式进行教育改革，创造更适应多元需求的教育模式。

2007年中华人民共和国教育部高等教育司颁布了《大学英语课程教学要求》，2017年颁布了修订后的《大学英语教学指南》，为大学英语教育明确了发展学生多方面能力的目标。这不仅是为了提高学生的英语应用能力，还是为了培养学生跨文化交际的意识和能力，强化其自主学习技能，使学生能够适应国家、社会、学校和个人发展的多方位需求。这些教学目标与教育生态学的观点息息相关，二者共同强调教师和学生作为主体的相互影响与互动，以及教学环境中物质和精神要素的共同作用。从教育生态学的角度来看，教师和学生之间的互动是教学过程中最为关键的要素之一。相互作用对进一步推动知识传递的影响，更在于对学生的影响和激励，它能引导他们形成积极的学习态度。另外，教学环境中的物质和精神要素相辅相成，共同影响着学生的学习效果。物质环境，如教室设施、教学资源等，为学生提供了学习的基本条件。而精神环境，包括教师的激励、鼓励，学生之间的合作交流等，为学习提供了积极的情感支持和认同感。两个环境因素相互交织，共同影响着学生的学习状态和心态。在教学环境中，忽视了任何一个生态因素，都可能会对其他因素的发挥产生制约，最终影响整体的学习效果。因此，大学英语教学旨在实现培养学生能力全面发展的目标，与教育生态学的视角一脉相承，有助于使学生逐步成为社会需要的优秀人才。

三、构建主义学习理论

建构主义理论最早由瑞士心理学家让·皮亚杰（Jean Piaget）提出，他对内在因素和外部环境的相互作用进行了深入研究，于1970年提出了“人的认知发展由图式、同化、顺应和平衡四个要素组成”的观点。皮亚杰认为学习者通过将新知识“同化”到已有的认知结构中，并通过“顺应”不断调整认知结构，从而赋予新知识以个人意义。换言之，学习者通过自己的认知建构来理解新知识，此过程中“同化”和“顺应”是关键环节。只有通过这二者的交互作用，学习者才能真正地建构出新知识的意义。随着时间的推移，建构主义理论在多位先驱学者的努力下不断发展和完善。同时，伴随着人们对认知心理学的持续批判和发展，建构主义理论逐渐壮大，成为20世纪90年代心理学领域中的重要理论流派。至今，在心理学、教育学以及外语教育教学等领域，建构主义理论仍然具有重要的理论指导作用。

在教育领域中，建构主义理论强调让学习者主动参与学习过程，通过个体认知建构来赋予知识以意义。与传统的教育模式有所不同，传统教育往往将知识灌输给学生，而建构主义认为学习者应该在互动、实践、探究中主动建构自己的知识体系。在外语教育中，建构主义的观点引导着教师更注重学生的学习过程，为学生创造各种交际和实际应用的情境，让学生在交流和实践中逐渐建构自己的语言能力和对文化的理解。建构主义理论还强调社会交往的重要性，列夫·维果茨基提出了“区域性近发展区”概念，认为在与他人的互动中，学习者可以进一步发展自身的认知能力，这与外语教学中的合作学习方法相契合，认为学生之间的合作交流，可以促进语言和文化的建构过程。

建构主义作为一种新兴的学习理论，与先天论和语言学习机制不同，建构主义强调学习过程是学习者主动建构知识的过程，将学习视为建构内在心理表征的过程。构建主义学习理论强调学习的结果是认知结构的重新建构或改组，与传统的知识灌输模式相比，更注重学习者的主动参与和对意义建构能力的培养。根据建构主义理论，学习者的知识获取和技能形成并不仅仅依赖于教师的讲授，而是基于学习者已有的知识经验和技能，在特定的社会文化背景下，通过教师、学习伙伴等人的协助和多种学习资源进行多样化的意义建构。此种学习方式强调学习者在教师的引导下自主探究，以学习者为中心，以推动学习者深入理解知识并进行意义的建构。在建构主义的教育实践中，教师不再仅仅是知识的传授者，还是意义建构的总设计师、指导者、合作者和促进者。教师需要为学习者创造适宜的学习环境，提供多样化的学习资源，引导学习者通过多种方式来建构知识。教师的角色从单纯地传授知识转变为协助学习者发现问题、思考解决方案，并在意义建构过程中提供支持。建构主义理论也赋予了学习者更大的主动性和创造性，学生不再被动接受知识，而是积极参与学习，主动构建个人认知体系。学生与教师、同伴进行合作交流，能够更好地理解和应用所学知识，这不仅提高了学生的学习效果，还培养了学生的合作能力和自主学习能力。

四、积极学习理论

“积极学习”或称为“主动学习”，源自英国学者雷格·瑞文斯于1982年提出的“行动学习”（action learning）概念，旨在引导学生在学习过程中积极参与和思考。这一教学方法被定义为“引导学生做事情并就其正在做的事情进行思考的任何教学方法”，强调促进课堂积极学习的策略，包括学生参与的多样性、学生技能培养、高层次思维活动的引导、学生参与学习活动的过程以及学生学习态度和价值观的培养等方面。“积极学习”是引导学生参与学习过程中的教学方法，要求学生进行有意义的学习活动并对其进行思考。“积极学习”是一种学习方法，学生在学习过程中积极地或体验式沉浸地参与，其程度因个体而异，有不同层次。在积极学习中，学生除了被动地听取信息，还要积极地参与正在进行的学习活动。1946年，“学习金字塔”（Cone of Learning）理论被提出，它以数字形式形象地展示了不同学习方式与学习者在两周后的学习内容平均留存率之间的关系。“学习金字塔”理论认为，学生在仅仅听取他人讲解时，学习内容的平均留存率相对较低，而他们在积极参与实际学习活动时，学习内容的留存率明显提高。

积极学习理论的应用范围广泛，涵盖了多种教学和学习方法，如从游戏学习到技术驱动的学习，从活动导向的学习到小组合作活动，以及项目方法等。尽管这些方法在形式上存在差异，但它们都共同体现出积极学习的核心特征和价值。相比于传统的被动学习方式，积极学习强调学习者在学习过程中的主动性和参与性，这一理念是积极学习方法的基石。积极学习的核心理念在于将学习者置于学习的中心地位，而不仅仅将教师作为知识的传授者，每名学生都应积极参与学习，不仅要倾听，还要主动参与。学生需要在完成任务的同时，思考任务的目标和意义，而培养学生的思考能力有助于提升其高层次思维能力。大量的研究已经证明，积极学习作为一种策略，有助于激发学生的学习动机，提高他们的学习效果和学术表现。学习者通过积极参与，可以更好地掌握学习内容。积极学习不仅仅将学生从被动的听众转变为主动的参与者，还通过质疑、探究等方式，深化他们对学习内容的理解。而且学生通过收集、分析相关数据来解决高层次的认知问题，还能提高自己的批判性思考能力、信息处理和人际交往能力。

五、合作学习理论

合作学习作为一种教学理论与策略，源于 20 世纪 70 年代的美国教育改革浪潮。该理论认为组织小组活动有助于促进学生之间的合作学习，并提倡让学生在合作过程中获得奖励或认可，从而改善课堂氛围、提高学术成绩。这一方法在培养非认知品质等方面也展现出显著的实效，被认为是教育领域的一项重要且成功的创新。合作学习注重小组自主学习，强调集体合作的重要性。其核心在于培养学生之间的积极依赖感、促进互动，强调个体与小组之间的责任共担，同时涉及个体与小组之间的人际技能和小组技能的培养，以及小组自我评估等五个关键因素。在英语为第二语言或外语的教学中，合作学习被广泛认可为促进学生认知和语言技能发展的有效方法，它以学习者为中心，鼓励小组学习，强调自我实践、个人责任、内在动机、主动性、创造性和合作意识。合作学习不仅仅关注学术性的目标，还注重合作技能和情感的培养，有助于激发学生的学习动机、心理适应能力以及提升自信心。合作学习通过互动和交流，激发学习者的学习兴趣，为学生增加了语言输入和输出的机会，从而增强了习得第二语言的效果。在合作学习中，学生的态度、自信心、自尊感以及学术成绩都会受到积极影响。小组合作的过程鼓励学生互相学习和支持，增强了他们对自己学习能力的信心。学生在互动中不仅能够分享自己的知识和观点，还能够从他人的经验中受益。小组成员之间的协作和合作促进了情感交流，创造了一种支持性的学习环境，进一步增强了学习的积极性。

六、多元智能理论

衡量一个人的智力应该以解决问题的能力为标准，而不是仅仅依靠传统的智商指标。每个人都在不同程度上具备 9 种相对独立的智能，分别是语言智能、逻辑数学智能、空间智能、肢体运作智能、音乐智能、人际智能、内省智能、自然探索智能和存在智能。每种智能都有其独特的认知发展过程和符号系统，每个人都在这些智能领域有着自己的闪光点和优势。多元智能理论为人们重新界定了智力的概念，也为判断外语学习与智力之间的关系提供了更加清晰的视角。教师在教学过程中应当充分关注学生的多元智能，挖掘和发展他们在不同智能领域的潜能。将多元智能理论纳入教学，可以更好地满足不同学生的学习需求，并发挥个体在各个智能领域的优势。基于这种背景，教师需要树立正确的教学观和智力观，认识到学生的智能远比传统的标准化测试所能展现的要多。教师应当成为学生优势智能和潜能的发现者和挖掘者，结合个性化的教学方法和资源，帮助每个学生在他们擅长的领域崭露头角。教师还需要建立正确的学生观和多元化的教学评价观。单一的评价标准并不能准确地衡量每个学生的能力和潜力，教师应当采用灵活的评价方式，充分考虑到学生在不同智能领域的表现，以及他们在课堂活动中的积极参与和贡献，从而更准确地反映学生的综合能力和成长。

七、数据驱动学习理论

数据驱动学习（Data-Driven Learning）是一种新型的语言学习方法，它基于计算机多媒体和语料库技术，核心理念是让语言学习者根据语言资料进行自主学习。在数据驱动学习的模式下，学习者借助检索分析工具，充分利用语料库中丰富的真实语料，进行观察、分析、归纳和总结，进而发现语言现象，包括语法规则、语义表达和语用特征，从而实现一种“发现式或验证式学习”。数据驱动学习过程可以分为三个主要阶段：首先，问题的提出，学习者要明确自己感兴趣或需要研究的语言问题；其次，材料的分类，学习者需要将检索到的语料材料按照一定的规则分类；最后，归纳总结，通过对分类后的语料进行深入研读和分析，学习者就能够揭示出某一具体语言结构在句法、语义和语用方面的规律。以上流程赋予了学习者在语言学习中更大的主动性和自主性。

相较于传统的教学模式，数据驱动语言学习模式具有明显的不同之处。在数据驱动语言学习中，学习者不是通过教师的传授而是通过检索语料库中的语言材料进行学习的。他们可以根据自身的语言水平、兴趣和需求，自主选择合适的语料进行研究。数据驱动学习省去了知识传递中的多个环节，让学习者直接参与到知识的发现和建构过程中，培养了他们独立思考和解决问题的能力。数据驱动语言学习的核心在于学习者的积极参与，他们通过实际操作，从大量的真实语料中抽取规律，从而建立起自己的语言意义与使用档案。在数据驱动语言学习中，学习者可以通过语料库接触到丰富的、真实的语言使用情境；从而更好地理解语言的应用和变化，掌握语法规则，并提升对语义和语用的理解。数据驱动学习能够让学习者深入了解语言的实际使用，培养他们的语感和语言洞察力。然而，数据驱动学习也并非一种适用于所有学习者和所有情境的通用方法，它要求学习者具备一定的自主学习能力和研究意愿，同时学习者需要具备一定的计算机和检索技能，数据驱动学习的有效性也取决于语料库的质量和学习者的实际操作能力。

八、自主学习理论

自主学习，也称自主性学习或学习者自治，是随着认知心理学和人本主义学习理论的发展而兴起的一种现代学习理念。国外的自主学习研究可以追溯到古希腊时期，经历了几个重要阶段，从中可以看出其不断演变的历程。自主学习的思想在20世纪之前就已有人提出，主要强调学习者在学习过程中的积极参与和主动性。然而，正式的自主学习实践在20世纪初期才开始蓬勃发展，这是自主学习初步实验的阶段。在这一阶段，学者们开始在教育实践中尝试引入学习者主动参与的元素，探索如何让学习者更加独立地掌握知识和技能。随后，自主学习进入了一个系统研究的阶段，这一阶段从20世纪60年代持续至今。在这一阶段，不同的自主学习理论学派逐渐形成并崭露头角，包括操作主义学派、现象学学派、信息加工学派、社会认知学派、意志学派、言语自我指导学派以及建构主义学派。每个学派都有其独特的特点和理论基础，都在自主学习领域有深入的研究。自主学习理论学派均强调，学习不是被动发生在学生身上的，而是由学生主动引发的，并关注学习者的自主性和主动性，强调学习者在学习过程中的积极作用。在提出自主学习理论的同时，学者们也致力于开发相应的教学技术和方法，以让学习者更好地实现自主学习，诸多努力在教育实践中逐渐取得了成效。

将“自主学习（autonomous learning）”的概念引入语言教学领域始于“自主学习之父”亨利·霍尔克。自主学习并非仅指学生独自学习或无须教师，而是一种学习模式，指学习者在教师的引导下，在总体学习目标的指导下，根据自身条件和需求制定并完成具体学习目标。自主学习不仅是学习的一个过程，还是一种能力。学生在这个过程中积极主动地运用各种有效途径和资源获取信息和知识，自主进行学习并具备较强的判断力，识别学习的重点、难点和疑点，并且会自我调控学习的负担和进度，科学地选择学习内容，以达到最佳的学习效果。自主学习激发了学生内在的学习动机和潜能，促使学生更好地计划、控制和评估自己的学习能力和兴趣，从而培养他们的“终身学习能力”。自主学习的核心是学习者的主动参与和自我管理，学习者不再被动地接受教师的教导，而是在教师的指导下，根据自身的学习需求和目标，积极地寻找适合自己的学习方法和资源。自主学习模式培养了学生独立思考和解决问题的能力，让他们能够更好地适应不断变化的知识社会。在语言教学中，引入自主学习的理念可以提升学习者的学习效率和动机。让学生自主选择学习内容、制订学习计划和评估学习成果，可以激发学生的学习兴趣，提高学生参与度。自主学习让学生在语言学习过程中不仅关注知识的获取，还注重语言的实际运用和培养自身沟通能力。

第二节　高职英语自主学习模式应用的有效性分析

一、教学实践成功的基础是个性化教学方案

教师应制订个性化教学方案，包括一般要求、较高要求和更高要求三个级别，充分考虑学生的英语水平差异，旨在激励学生根据个人实际情况追求更高的学习目标。教学中，教师不仅要布置不同要求的自主学习任务，还要对学生的课后自主学习活动进行监控与评估，确保每个学生都能在适合自己的学习水平上获得有效的学习支持。课程方案在教学内容的选择上进行了优化和创新，除了强化英语国家社会文化的内容，课程还增加了有关中国优秀文化的内容，如“中国烙印”“中国概况与自然景观”“中华美食”“民俗与节日”“中国历史古迹”等。这一举措有助于激发学生对本国文化的兴趣，培养他们的文化自信心，从而让他们更好地用英语表达自己文化方面的观点。课程方案积极运用现代学习理论，摒弃传统的单一教学模式。教师不再仅仅以讲授为主，而是结合多种教学手段和方法，充分利用现代计算机技术、互联网技术、大数据技术和语料库技术等。多元化的教学方式能够更好地满足学生对不同学习资源的需求，激发他们的学习兴趣，提高学习效果。课程方案关注学生的学习动机和自主学习能力的培养，引入现代科技手段，教师可以更好地调动学生的学习兴趣，让他们在学习的全过程都能充分参与。课程注重培养学生的“产出”技能，强调实际运用语言的能力，并且鼓励学生参与课后的自主学习，提高他们自我管理学习的能力。课程方案突破了传统的教学评价方式，采用多元化的教学评价方法，可以更准确地了解学生的学习情况，有助于促进他们在不同方面的全面发展，使学生的

各项能力都能得到有效培养和提升。

二、教学实践成功的关键是师生角色调整

在自主学习过程中，许多学生表示曾通过邮件、QQ留言、微信等方式与教师互动和交流，并从中获得了指导和帮助。许多学生认为，英语教师在课堂上对中国文化的导入和解读是至关重要的，这有助于让他们更好地理解和运用英语阐述中国文化。教师在大学英语课程中的角色不仅是知识传授者，还是文化传播者和学习引导者。教师创设适合学生水平的教学内容和方法，能够帮助学生掌握英语语言和中国文化的知识与技能，让他们更好地运用英语表达自己的文化观点。在教学过程中，教师应该担负起“中介者”的角色，帮助学生取得发展进步、学会学习、解决问题、适应多元文化情境和社会变化。教师还要充当学生的指导者、合作者、监控者和评价者，引导学生学会自我管理、自我监控和自我评估，培养他们独立思考和解决问题的能力。这一过程基于建构主义学习理论，该理论认为，学生是主动建构知识和信息的主体，而非被动的知识接受者。教师的角色与职责是引导学生主动参与英语语言和中国文化的学习和相关实践，培养他们的学习兴趣和自主学习能力。

三、教学实践成功的保障是多元化教学评价体系

教师评价有利于教师获取教学反馈信息、改进教学管理、提高教学质量，同时能促进非英语专业本科学生调整学习策略、改进学习方式、提升学习效率。

（一）多元化的评价目标

教学评价关注学生的知识和技能水平，并应强调对非知识技能目标的评价。特别是对非英语专业本科学生的英语课程，教师在评价时除了衡量他们的语言掌握程度，还需要考虑他们的非智力因素，包括学生的学习动机、自主学习能力、合作与交流能力以及跨文化意识等。评价非智力因素可以更全面地了解学生的学习情况和发展情况，为他们综合素

质的提升提供更准确的反馈和指导。因此，在教学评价中平衡考虑知识技能和非知识技能，将有助于促进学生的全面发展和提高。

（二）多元化的评价标准

教学评价的关键在于重视学生的个体差异和个性发展，不能简单地套用统一的标准来评价非英语专业本科学生。评价标准应当保证科学性、公平性和现实性，以确保评价的准确性和公正性。在制定评价标准时，教师应充分考虑学生的多元智力、年龄、学习动机、态度、学习风格，以及个性特征等各种参数。个体化评价方法能够更好地反映学生在学习中的表现和进步，使评价更加全面和准确。每个学生都是独特的，他们的学习需求和发展轨迹也会有所不同，因此在教学评价过程中，要重视学生的个性差异，充分考虑他们的特点和需求，以便更好地引导和促进他们的学习成长。

（三）多元化的评价主体

评价活动的主体不应仅限于单一角色，而应包括多元的参与者。除了任课教师，非英语专业本科学生本人以及同学们也应成为评价的主体。评价主体的多元化有助于激发非英语专业本科学生参与评价的积极性，更好地挖掘他们的潜能，从而促进他们的个性发展。多方参与评价能更全面地展现学生的优势和成长，也能让学生更有参与感和主动性。任课教师作为评价主体的一部分，可以提供专业指导和反馈，帮助学生了解自己的学习状态以及发展方向。而非英语专业本科学生本人，作为自己学习的直接参与者，可以通过自我评价认识到自己的优势和不足，进而制定更有效的学习策略。同学们之间的互相评价也能促进形成积极的竞争和协作氛围，从而互相学习进步。

（四）多元化的评价内容

对非英语专业本科学生的评价应该涵盖多方面，考核他们的语言文化素质和综合应用能力。评价的内容要具有多维性，从不同角度对学生的学习和发展进行全面考查。评价非英语专业本科学生需要关注他们的语言文化素质，包括对英语语言和中国文化的理解和运用能力。学生的英语表达建构能力和水平应该是评价的一个重要方面；包括听、说、读、写、译等方面的考核，以确保他们能够有效地运用英语进行交流和表达，同时能够将中国文化元素融入其中，达到“用英语讲好中国故事”的目标。评价应当考查非英语专业本科学生的综合应用能力，包括创新、探究、合作和实践等方面的能力。他们应具备分析和解决问题的能力，具备自主学习和合作学习的能力，能够在实际情境中运用所学知识和技能，而综合应用能力是非英语专业本科学生在面对复杂多变的现实环境时所必备的素质。在教学评价的内容方面，应该综合考虑多个维度。不仅要进行知识评价，即通过学业考试评估学生的语言基础和文化知识水平，还要进行能力评价，评估学生的听、说、读、写、译等方面的语言能力。学业内容，如作业、课外阅读、网络自主学习，也应纳入评价的范畴，以全面了解学生的学习情况。非学业内容，如学习兴趣、态度、自信心、学习习惯、学习策略、自主能力、合作精神等方面，也应被纳入评价，以综合考量学生的综合素质和能力发展。

（五）多元化的评价方式

在评价非英语专业本科学生时，应该从静态的成绩评价角度转向更加动态的角度，将注意力放在他们的学习过程和日常行为表现上。静态的成绩评价虽然能反映学生的知识水平，但往往无法深入了解他们的学习过程和努力程度。因此，动态评价是更加有效的方法。动态评价强调学生在学习过程中的表现，关注他们的学习态度、参与程度和自主学习能力，这种评价方式更具有针对性，能让学生及时调整教学策略，帮助学生更好地发展。在动态评价中，“形成性评价+终结性评价”是一种有效的组合。形成性评价关注学生的学习过程，帮助他们发现自己的学习问题并加以改进。终结性评价则总结学习的成果，确保学生能有效地掌握相应的知识和能力。采用“定性评价+定量评价”可以更全面地了解学生的表现，定性评价关注学生的学习态度、参与程度和合作能力等，而定量评价则从成绩等角度进行客观评估。引入“自我评价+他人评价”也能增强评价的多元性，学生对自己的学习过程和表现有独特的了解，因此自我评价能够反映他们的自我认知和反思能力。而他人评价又能够从外部角度客观地评价学生的表现，包括教师和同学的评价。将两种评价方式结合起来，可以更准确地了解学生的发展情况。

四、构建语言与文化知识的双重意义需靠学生主动合作完成

自主学习被认为是能够有效促进英语学习进展的学习方法，在自主学习的过程中，现代技术的运用为学生提供了丰富多样的学习环境，教学内容以图文声并茂的形式呈现，激发了对学生多种感官的综合刺激。此种学习方式能够让学生更加主动地调动已有的知识，结合解决问题、互动交流等方式进行学习，进一步强化了学生对所学内容的印象和理解。对互联网、自主体验中心以及社会渠道的利用，使学生能够与教师、同学等进行协作发现式学习，为他们的知识建构提供了更多的资源和途径。因此，自主学习在提高英语学习效果方面具有不容忽视的积极作用。将自主学习与集中面授相结合，可以深化学生对英语语言文化知识和中国文化知识的意义建构的理解。学习伙伴（教师/同学）的协作发现式学习方式，可以极大地增强学生的学习信心。与他人合作解决问题，能够让学生主动运用自己的知识和能力，从而改变自身的学习态度，让他们更加积极主动地投入学习。合作学习还能培养学生的勇气和胆量，促进他们言语表达和沟通能力的提高，这实际上是在实际应用中加强了对所学知识的记忆，为学生提供了更加真实和有意义的学习体验。

五、基于数据驱动的语料库为教学实践成功提供了技术支持

如今，结合美国当代英语语料库、美国布朗语料库、美国国家语料库、英国国家语料库、LOB 语料库、COBUILD 语料库、朗文语料库等

在线开放语料库，人们成功搭建了基于数据驱动语料库的中国文化英语自主学习模式。在这种模式之下，学生不仅获得了接触海量真实语料的机会，还被激发了对英语语言和文化的浓厚兴趣和积极性，从而实现了对英语语言文化知识和中国文化知识的双重意义建构。在当代大学英语教学的过程中，学生通过使用各种在线开放语料库，如“中国汉英平行语料大世界”，能够直接接触到大量真实的语料，这加深了他们对英语语言和文化的兴趣。与传统的教材相比；这种学习方式更加贴近实际应用，能让学生感受到使用语言的真实情境。学生通过使用语料库，能更加自主地选择自己感兴趣的学习内容和方式，这激发了他们的学习热情和兴趣，同时改变了他们对学习英语文化的态度。基于数据驱动语料库的学习模式既新颖又有趣，让学生在学习中感到探索和创新的乐趣。除此之外，学生能够通过这种学习模式，更加深入地理解语法规则、语用特征、语义表达等语言现象。

第三节　文化视角下的英语自主学习方法

一、基于文化视角下的英语自主学习方式构建

《大学英语教学指南》明确地强调了信息化时代为外语教学带来的新机遇与资源丰富性，呼吁高职院校充分利用信息技术，创造多元的教学和学习环境，以推动学生主动学习、自主学习和个性化学习。在实际教学中，集中课堂面授教学活动固然重要，但如何更好地激发学生的学习兴趣、培养他们的自主学习能力同样不容忽视。实验结果表明，引入现代计算机技术和互联网技术，能够让学生在自主学习过程中体验到交互式的语言学习环境，且根据自身需求选择适合的学习内容和方式，这能提高学生的学习效率，令学生逐渐习得自我管理和自我监控的方法，培养其更加积极主动的学习态度。在构建“基于数据驱动语料库的中国文化英语自主学习模式”时，构建者不仅应注重语言知识的习得，还关

注对文化知识的建构，让学生在跨越语言和文化障碍时更加游刃有余。

(一) 自主学习模式的构建

建构主义和数据驱动学习理论对现代教育具有一定的启示作用，运用现代计算机技术、互联网技术、大数据技术、云技术和语料库技术，教师能够创造出丰富多样的中国文化英语教学情景，有效地激发学生的学习兴趣和积极性，引导他们将新旧知识联系起来，实现对知识的更深层次理解和意义赋予。建构主义理论指出，学习者能够利用已有的认知结构和经验来理解新的知识，并将其融入自己的认知体系。在中国文化英语教学中，借助现代技术所创造的多媒体和网络学习环境，以及丰富的语料库学习资源，能够让学生更好地将所学的知识与实际应用情境联系起来，从而实现知识的内化和综合运用。自主学习中的多媒体、网络学习环境以及丰富的语料库资源，让学生能够接触到充足的真实、有意义的语言素人，这为他们的语言习得提供了更多的机会。语言输入不仅仅是信息的灌输，更是激活学生记忆系统中的知识、经验和概念的过程。此类理想的输入环境有助于学习者更加专注地理解学习内容，提高他们的语言习得效果。在此过程中，现代计算机技术、互联网技术、大数据技术、云技术和语料库技术发挥了关键作用，提供了丰富多样的教学资源和学习工具，创造了互动性强、多模态的学习环境，让学生能够更加主动地探索和建构知识。语料库技术尤其重要，它不仅让学生接触到真实丰富的语言材料，还能够培养他们对语言背后文化内涵的理解。多元化的学习方式和资源获取途径有助于学生更加全面地发展，提高他们的综合应用能力。

非英语专业本科学生的中国文化英语学习，旨在帮助学生实现对英语语言文化知识和中国文化知识的深度理解和意义建构，此过程需要学生的积极参与和主动合作。在自主学习中，现代计算机技术、互联网技术、大数据技术和云技术，以及语料库技术创造出了丰富多样的学习环境，通过“人机交互”和“人际交互”的模式，为学生提供了交互式的语言文化学习平台，其中包括图像、文本、声音等多种形式，能有效调动学生的学习兴趣和主动性，让他们更加积极地参与到英语语言文化和中国文化知识的学习过程之中。在这种环境中，学生有机会按照自己的需求和兴趣“按需筛选”各种教学信息资源和语言知识。此种超文本的学习方式允许学生根据自己的学习进程和目标，灵活选择学习内容和途径，使学习内容更加贴近个体需求。学生通过自主选择学习资源，积极参与学习活动，能够将所学知识运用到实际情境中，从而提高自己分析问题、解决问题和创新实践的能力。

自主学习的模式与课堂上的集中授课相结合，能够更好地满足非英语专业本科学生的学习需求。集中授课在一定程度上为学生提供了系统性的知识框架和指导，而自主学习则能让学生根据自己的兴趣和节奏，深入挖掘和理解知识的内涵。自主学习还能够培养学生的自主学习能力和信息筛选能力，让他们在面对复杂的学习情境时更加自信和独立。基于这样的认知和理解，可以看出“多元化、多模态、多资源、大数据”的学习模式，正是适应了现代学生学习需求的学习方式。利用现代技术所创造的丰富学习环境，能够让学生在更加自主和灵活的情境中进行深度学习，实现知识的意义建构。推行这种模式，有助于提高学生的学习兴趣和动力，还能够培养他们的综合能力和创新思维，让他们更好地适应复杂多变的社会环境。

（二）自主学习模式的特点

1. 以“学生”为中心

在探索中国文化英语自主学习过程中，非英语专业本科学生应该将自身在语言习得与文化知识学习过程中的作用充分发挥出来，主动参与，积极探索，成为英语语言文化和中国文化学习的参与者和意义构建者。“基于数据驱动语料库的中国文化英语自主学习模式”为此提供了丰富的学习资源，激发了学生在英语和文化知识学习方面的积极性。在自主学习过程中，学生不仅需要积极参与，还需要充分发挥自己的创新思维，成为意义建构的主要推动力，将新知识与已有知识相结合，深化自己的理解。自主学习模式赋予了学生更多的自由度，让他们能够根据自身需求和兴趣去探索，从而让他们更加深入地理解英语语言文化和中国文化的内涵。

“基于数据驱动语料库的中国文化英语自主学习模式”为学生提供了多样化的学习刺激，从图像到文本，从声音到图像，各种感官都得到了充分的利用。多模态的学习方式能够激发学生的学习兴趣，让他们更加专注地投入学习过程之中，这对非英语专业本科学生来说尤为重要，因为他们可能对英语语言文化和中国文化知识的学习有一定的抵触。多感官刺激能够消除这种抵触感，使学习更加生动有趣。这种自主学习模式在“人机交互”中也能得到体现，它也强调了“人机交互”的重要性。学生在学习过程中，可以与同学、教师进行合作，共同探讨和交流，从而拓宽自身视野，从不同角度去理解和解读英语和中国文化。

2. 创设真实的情景

“学习总是与一定的社会文化背景（即情景）联系在一起的”，这一观点不仅揭示了学习的内在本质，还在“基于数据驱动语料库的中国文化英语自主学习模式”中得到了充分体现。基于这种模式，教学课件、自主学习资源、学习语料库等内容都紧密围绕大学英语课程教学内容和教学设计，创造了真实的学习“情景”，从而为非英语专业本科学生提供了更加丰富、有趣且具有思考价值的学习体验。

基于“情景”的学习模式具有极大的教育价值，它将学习材料置于真实的社会文化背景之中，让学生能够更好地理解知识的实际应用。高职英语教师运用多媒体教学课件，让课堂内容更加贴近实际情境，使学生能够在学习中感受到语言和文化的生动性，情景式学习激发了学生的好奇心，使他们能够更深入地思考和探究所学知识。基于情景的学习方式提升了学习的趣味性和参与度，让学生不再仅仅是被动的接受者，还是能够在互动的情境中主动探索的参与者，从而使学习变得更加生动有趣，鼓励学生通过多种感官去理解和吸收知识，让学习变得更加多元化和富有挑战性。

3. 协作发现式学习

“基于数据驱动语料库的中国文化英语自主学习模式”为非英语专业本科学生创造了一个富有真实感的学习情境，让他们在英语语言与中国文化的学习过程中通过协作发现式学习获得更为深入的体验和认识。在这个学习模式中，学生可以在各种资源的支持下，积极地参与到语料分析、讨论、总结的过程之中，从而实现对英语语言文化和中国文化的深刻理解与意义建构。在自主学习的过程中，学生可以运用已有的知识，借助现代技术工具，如现代计算机技术、互联网技术、大数据技术和云技术，以及自主体验中心、社会交流等途径，与教师和同学进行协作。协作发现式的学习方式鼓励学生在实践中探索，观察和分析语料中的语法规则、语用特征、语义表达等语言现象，逐渐建立起对语言和文化的深入理解，培养了学生的团队合作意识和交流能力，让他们从多个角度思考问题，形成独立的见解。协作发现式学习也强调了学习的自主性和深度，学生可以根据自身兴趣和需求，在丰富的资源库中选择适合自己的学习内容，展开深入的研究。

4. 强调语言与文化学习的最终目的是“有意义”的意义建构

建构主义学习理论强调学习的核心目标是意义建构，而这一目标正是“基于数据驱动语料库的中国文化英语自主学习模式”所专注的，它为非英语专业本科学生精心创造了以主题单元式和文化知识链接式为特点的真实学习情境，这些情境中的与英语语言和中国文化紧密相连的任务，可使学生在学习中主动构建意义。应用这种学习模式，学生可以从多个角度、多个环境中获取信息，逐渐将已有知识和技能整合起来，将语言和文化紧密结合，达到深入理解的效果。学生在解决任务的过程中，需要运用已有的语言知识和文化背景，以实现对所学内容的理解和应用。这种学习模式的特点在于其所创造的“任务型”学习情境。学生不再只是进行传统的知识点学习，而是在完成实际任务的过程中，逐渐形成对语言和文化的综合认识。任务的设置涵盖了听、说、读、写、译等多个方面，让学生在多种语言运用场景中不断地建构意义。综合性的任务设置有助于学生将所学知识应用到实际生活中，提高语言交际的实际效果。这种模式的另一个突出的特点是，学习模式在构建情境中紧密结合了英语语言与中国文化。此种融合能够使学生更深入地理解语言背后的文化内涵，同时更好地应对跨文化交际。学生通过各种资源的整合，能够感受到语言与文化的紧密联系，从而实现更为深刻的“有意义”的意义建构。

5. 信息资源共享的语言学习环境构建对其意义建构的作用

英语学习的核心任务在于“学”，而这一任务是通过与实际运用相结合的方式来完成的。应用语言学领域的先驱彼德·科德就曾强调过，有效的语言教学应当适应自然过程，促进学习，使教学内容和方法更贴近学生的需求和实际情境。“基于数据驱动语料库的中国文化英语自主学习模式”通过构建多元化的语言协作学习环境，让非英语专业本科学生能够借助各种资源和学习伙伴的帮助，在真实的语境中进行学习和实践。其中的学习伙伴就包括教师和同学，他们通过协作互助，为英语学习内容提供更多角度的观点和解释，深化学生对学习内容的理解。互联网、体验自主中心、音像语料等，也能成为学生自主学习的有力工具，为他们提供多样性的学习途径和材料。现代计算机技术、互联网技术、大数据技术和云技术等的应用，能令学习更具趣味性和实用性，也使学生能够充分自主选择学习内容和方式。此模式中，社会互动也是非常重要的，英语角、英语村、英语沙龙等社会交流场所为学生提供了与母语人士交流的机会，鼓励他们在真实语境中应用所学的语言知识，提升交际能力。

(三) 自主学习模式的实施步骤

1. 自主学习模式的培训

在大学英语课程的教学设计中，一个关键部分是新生入学时的第一堂课，也被称为“课程导论”。在这个环节中，受试对象被分成小组，每组由 4～6 人组成，并选出一个小组负责人，这可以为后续的自主学习活动奠定基础。随后，在“课程导论”中，教师对所有学生进行自主学习策略的培训，这是一个十分关键的环节。培训内容广泛，涉及对高职院校自主学习中心资源库的介绍，以及对国内外英语语料库的详细说明，如美国当代英语语料库、美国布朗语料库、美国国家语料库、英国国家语料库、LOB 语料库、COBUILD 语料库、朗文语料库以及绍兴文理学院开发的“中国汉英平行语料大世界”等。自主学习培训还应涵盖对数据驱动语料库学习方法的介绍，以及相关的语料库检索工具的使用方法，如 Concordance 和 Wordsmith 等。

2. 学习情境与任务设置

学习往往是在特定情境和任务中展开的，通常由教师布置有关的情境和任务。在大学英语课程中，学习情境和任务的设置对教学效果的提高起到了重要的作用，它们涵盖了主题单元式的真实语言文化任务以及文化知识的链接，有助于构建一个丰富多样的学习环境。任务的形式多种多样，其中包括使用多媒体学习课件，旨在引导学生在真实的语言文化情境中进行学习。针对这些任务和问题，学习小组有多种途径来寻找解决办法，可以利用学习资源库或者运用各种在线语料库检索工具，如 Concordance 和 Wordsmith 等，从中检索学习所需的信息。此类工具能够帮助学生有效地查找词汇、短语、固定句型等。通过观察这些信息在具体语境中的运用，学生还能更深入地了解其搭配、用法和频率等。

3. 评估与总结

评估与总结在自主学习模式中具有重要意义，教师和学生在这个阶段要共同努力，以确保学习成果得到充分的巩固。教师在这个过程中应当指导各学习小组对检索的内容进行系统的总结，让学生能够更深入地理解学习语料的语法规则、语用特征和语义表达等。学生结合教师的指导要能将理论知识与实际应用相结合，形成更加全面的知识体系。另外，学习小组也需要积极参与评估与总结的过程，他们将总结的报告提交给教师，不仅是对自己学习成果的呈现，还是对所学内容的回顾和反思。学生能够根据总结报告将零散的知识点整合成系统的知识，从而更好地将之应用于实际情境中。在评估与总结的环节中，教师应全面地审查学生提交的总结报告，包括对学生对学习内容的理解深度、语法规则和语义表达的运用水平等方面进行评估。教师的评价和反馈将帮助学生进一步完善自己的学习策略，提高学习效果。

二、文化视角下的英语自主学习方法实施

(一) 根据所学课文展开模拟写作

从文化的视角来看，如何在英语自主学习中有效地运用这些传统文化元素，以提升英语写作能力，是一个具有深刻意义的课题。在这一过程中，一项重要的实施方法是模拟写作，它可以帮助学生更好地理解和应用所学课文。中国的优秀传统文化蕴含着丰富的思想、情感和价值观，这些元素可以为英语写作提供有益的启示和素材。例如，在古代文人墨客的作品中，常常表现出崇尚自然、追求和谐的精神，学生可以运用这一价值观，在英语写作中展现对环境保护、社会和谐等主题的思考。模拟写作可以引导学生在写作过程中融入中国传统文化的精髓，使作文更具深度和内涵。

模拟写作是一种循序渐进的实践方法，教师可以选择一篇经典的中国古代文学作品，如诗词、寓言故事等，作为模拟写作的材料。学生可以阅读这些作品，理解其中所表达的情感和思想。教师提供一些相关的英语词汇和句型，帮助学生将中文思维转化为英语表达。例如，学生可以运用类比、比喻等修辞手法，将中国古代诗词中的意象转译为英语，以展示自己对文化内涵的理解。接下来，学生可以根据模拟写作的材料，展开自己的创作。例如，以中国古代诗词中的山水景色为背景，学生可以尝试用英语描绘出类似的自然风光，同时表达出自己的情感和思考，这不但有助于学生提升英语写作技巧，还能够培养他们的文化自信和跨文化交际能力。

(二) 结合校本课程学习中华优秀传统文化

从中华优秀传统文化的视角来看，如何在英语自主学习中结合校本课程，以更好地传承和弘扬这些传统文化元素，也是一项重要而富有创意的任务。在这一过程中，教师应采用多种教学方法，让学生更深刻地理解和应用中国的优秀传统文化，这不仅有利于提升英语学习的效果，还能够培养学生的跨文化意识和综合素养。校本课程的理念强调了满足

不同学生需求的多样性，以及将课程内容与实际生活和社会联系起来的重要性。在开设英语校本课程时，教师可以选择将中华优秀传统文化作为一项重要教学内容，以选修课的形式，引导学生深入了解中国的传统文化，使其在学习英语的同时提高对中国文化的了解过程。针对不同的学习需求，校本课程可以采用多种教学模式。例如，讲座模式可以用于介绍中华优秀传统文化的基本概念和历史背景；帮助学生建立起对传统文化的整体认知；技能学习模式可以针对具体的传统文化元素，如中国书法、茶道等，培养学生的实际操作能力；活动型模式可以组织学生参与各种文化体验活动，如传统节日庆祝、文化展览等，让学生亲身感受传统文化的魅力；自学型模式可以引导学生自主选择感兴趣的文化主题进行深入研究，培养他们的自主学习能力。

（三）增加课外阅读，吸收文化养分

从中华优秀传统文化的角度出发，将英语自主学习方法与课外阅读相结合，是一种富有创意和启发性的策略。在这一过程中，学习者不仅可以提升英语语言能力，还能够深入了解和吸收中国传统文化的养分，实现跨文化的交流与融合。阅读在语言学习中具有重要作用，人们可以借鉴母语学习的经验，通过广泛的阅读来提高英语水平。阅读不仅是被动接收信息的过程，还是主动思考和理解的过程。在阅读的过程中，学习者需要将自己的知识、经验和主观能动性与文章内容有机地结合起来，以创造性的思维来填补信息空白，从而实现对信息的深刻理解和消化，强化这种思维也有助于培养学习者的逻辑思维和批判性思维能力。阅读不仅能够提升学生的语言能力，还可以拓宽学生的视野。学生可以通过阅读丰富多样的材料，接触到不同领域的知识，了解不同国家和文化的背景和特点。尤其是在跨文化交际中，了解对方国家的文化和习惯对有效沟通非常重要。中华优秀传统文化是重要的文化遗产，学生阅读相关材料，可以更深入地了解其中蕴含的价值观、思维方式、习俗等，从而更好地理解中国文化的内涵。在教学过程中，教师可以鼓励学生进行课外阅读，从多个渠道获取丰富的素材。不仅可以借助图书馆、书

店，还可以利用互联网、电视、报纸和杂志等多种资源，提供生动、实用、与时俱进的信息，帮助学生更好地了解中国传统文化及其现代发展情况，引导学生在阅读过程中积极思考和交流，进而提高他们的语感和表达能力。

在当今时代，经济全球化和跨文化交流的趋势使了解不同国家的历史和文化变得更加重要。近年来，越来越多的外国人开始接触中国的历史和文化，他们以第三者的视角描述中国的人与事，从而让人们重新审视自己的国家和文化。通过有关作品，人们可以从新的角度认识中国，感受中华优秀传统文化的魅力。在英语学习中，增加课外阅读量是一种有效的学习方法。阅读不仅能够提升语言能力，还可以深入了解文化内涵。

在网络时代，官方网站，如中国文化网，提供了丰富的关于中国传统文化的英语表达，同时还有许多与网民互动的活动，帮助学生更好地了解中国特色的词汇和文化内涵。网络上有丰富、全面的英语教育资源，学生可以找到趣味性强、知识性强和时事性强的阅读材料。教师可以引导学生在网络上获取知识和信息，培养他们自主学习的能力。另外，电视节目也是了解中国文化的好途径。

第八章　文化在高职英语专业教学中的融合与渗透

第一节　文化与英语词汇语法教学的融合与渗透

一、中国文化与英语词汇教学的融合与渗透

词汇是构成语言整体的重要细胞，是语言系统赖以存在的支柱。英语学习关键在于词汇学习。词汇受文化的影响十分显著，同一词汇在不同的语言中可能有着不同的含义，这就给学生的词汇学习和词汇教学的顺利进行带来了一定的影响。为了使学生确实掌握词汇知识，准确运用词汇进行跨文化交际，并能有效掌握和传播中国传统文化，就要将中国传统文化与高职院校英语词汇教学相融合。

（一）高职院校英语词汇教学的内容

英语词汇课堂教学的内容常常根据词汇本身所涉及的内容而定。认识一个单词意味着对其意义、用法、相关信息、语法的了解和掌握。所以，英语词汇课堂教学的内容基本包含以下四个方面。

1．词汇的意义

词汇的意义是英语词汇教学中教师首先要让学生掌握的内容。但因为汉语与英语之间的差异，一些词汇的内涵与外延在两种语言中也不尽相同。词汇意义的理解与语境有着密切关系，语境不同，词汇的含义也会有所差异。所以，教师应采用不同的教学方式让学生了解不同语境下词汇的不同含义，从而让学生有效掌握词汇。

2. 词汇的用法

在英语词汇教学中，教师除了要让学生了解词汇的意义，还要让学生掌握词汇的用法，也就是掌握词汇的搭配、短语、习语、风格等。

3. 词汇的信息

词汇的信息也是英语词汇教学的重要内容，具体包括词性、词缀、词的拼写和发音等，此外构词法也属于词汇信息的范畴。

4. 词汇的语法特点

词汇的语法特点又称“词法”，主要包括名词的可数与不可数、动词的及物与不及物、及物动词的句法结构等，它们也是英语词汇课堂教学的重要内容。具体来讲，词汇的语法就是要解决诸如动词接什么样的宾语，是接不定式还是动名词，是从句还是复合宾语，如何安排副词短语的位置等问题。

（二）高职院校英语词汇教学的原则

为了更加有效地组织词汇教学活动，促进词汇教学的进步，提高学生的词汇能力，教师在教学中应遵循以下几个科学原则。

1. 目标分类原则

高职院校英语词汇教学要遵循目标分类原则，即根据学生的学习特点、具体需求等来确定词汇学习目标。具体而言，高职院校英语词汇的学习目标可以分为三类，即过目词汇、识别词汇和运用词汇。过目词汇指的是在表达过程中起配合作用的词汇。在学习过程中，学生只需要大体了解即可。识别词汇指的是能够帮助语境理解的词汇，学生在阅读过程中可以通过上下文等手段了解其含义。针对这种词汇，学生只需要了解其语义即可，不需要掌握词汇的属性与用法。运用词汇是学生词汇学习的重点，使用频率较高。但是，不同的专业、不同的行业其语言使用的侧重点不同，因此运用词汇也会有所差异。高职院校英语教学并不要求学生掌握所有的词汇，这样不仅不现实，也没有效率。教师应根据词汇教学的目的，让学生有选择性地学习词汇。

2. 循序渐进原则

循序渐进原则是任何教学都应遵循的一项原则，高职院校英语词汇教学也应如此。这一原则是指词汇教学应该在数量和质量平衡的基础上对所教内容逐层加深。在循序渐进原则的指引下，英语词汇教学并不能单纯地追求词汇掌握数量，还应该重视词汇掌握的质量与数量程度。英语词汇教学应该做到在增加学生词汇数量的基础上，提升词汇使用的熟练程度。在词汇学习中，质和量是分不开的，词汇越多，词汇之间的联系性与系统性就越强，学生进行词汇巩固的自然度就越高。逐层加深指的是在词汇教学中不可能一次性教授词汇的所有语义，学生也不可能一次性掌握全部知识点，词汇的教学与学习应该由浅入深地进行。

由此可见，词汇教学要避免急于求成。教师要引导学生切实掌握每一单词的意义和用法，并且由浅入深不断推进，以提升学生的学习效率和教师的教学效果。

3. 兴趣激发原则

兴趣在英语学习中发挥着巨大的作用，这一点是不可否认的。在高职院校英语词汇学习中，兴趣同样发挥着重要的作用。如果学生对英语词汇学习有兴趣，那么就会有持续的动力，词汇学习就会一直坚持下去，而且会带着强烈的欲望去练习英语，寻找一切机会提高自己的词汇水平，在不知不觉中，学生的词汇能力就有所提高。反之，如果学生对词汇学习失去兴趣，那么将没有学习的动力，学习效果也会不佳。因此，在英语词汇课堂教学中，教师应有意识地激发学生的学习兴趣，通过设置多样的教学活动调动学生的好奇心，进而培养学生的词汇能力。

4. 词汇呈现原则

在教授学生英语词汇知识时，教师首先要向学生呈现词汇，这是词汇教学的首要步骤。词汇呈现能够使学生对词汇产生第一印象，在很大程度上影响着学生词汇学习的兴趣，因此教师在词汇教学中应遵循词汇呈现原则，坚持呈现的情境性、趣味性和直观性。呈现的情境性是指在词汇呈现过程中将词汇置于一定的情境中，让学生在不同的情境中了解词汇的意义。呈现的趣味性是指在词汇呈现过程中采用不同的方式，以激发学生学习的兴趣。呈现的直观性是指在呈现词汇时借用实物、道具等展示具体词汇。词汇呈现对后续词汇教学有着较大的影响，教师可以从具体的学生情况、教学条件等角度出发丰富词汇的呈现方式。

5．回顾拓展原则

遗忘是学生在词汇学习中遇到的普遍问题，而且学生每天都在学习新的词汇，如果不对已经学过的词汇进行复习和巩固，就更容易遗忘学过的词汇，因此在词汇教学中教师要遵循回顾拓展原则，即将新旧词汇相结合，利用已教授过的词汇来教授新的词汇，这样既能让学生巩固已学过的词汇，又能有效拓展新的词汇。需要注意的是，词汇知识的回顾是为词汇的拓展服务的。教师需要拓宽学生的词汇接触面，增强学生对词汇的理解程度，在原有词汇基础上提升学生的语言运用能力。

6．联系文化原则

词汇学习的最终目的是运用词汇知识进行跨文化交际，而且词汇与文化关系密切，所以高职院校英语词汇教学的开展需要遵循联系文化原则。在词汇教学过程中，无论是在词义还是在结构方面都应该和语言背后的文化相联系。对于语言文化的理解有助于加深学生对词汇的理解，并使学生能够掌握词汇演变的规律，更加全面、有效地使用词汇。英语词汇教学的展开要充分考虑文化因素，这样才能使学生对词汇有更加深刻的认识，也才能更加有效地使用词汇。

7．词汇运用原则

学习词汇是为了运用词汇，所以在高职院校英语词汇教学中，教师要遵循词汇运用原则，在向学生传授词汇知识的同时，注重学生对词汇的使用，即从语境和语言运用的角度让学生理解词汇的具体用法。具体而言，词汇运用原则要求教师在教学中做到以下几点：首先，词汇运用活动的设计应该符合学生的特点；其次，在词汇教学过程中应该培养学生的词汇联想能力；最后，词汇教学过程中要注意词汇练习，保证练习的质量，切实有效地提升词汇运用效果。

（三）高职院校英语词汇教学的方法

1. 词汇记忆法

记忆词汇对于丰富词汇量、为其他英语技能做准备具有重要的意义，它是英语学习的基础。所以，帮助学生记忆词汇也是教师教学中的重要任务。具体来讲，教师可采用以下几种方法来引导学生记忆词汇。

（1）归类记忆

第一，按词根、词缀归类。英语中很多词都是由词根、前缀和后缀组成的，教师可以据此引导学生利用构词法来记忆单词，并逐渐扩大词汇量。

第二，按题材归类。在日常的交际中经常会涉及不同的话题，针对同一话题，教师可以将经常出现的词汇归集在一起进行教授，以使学生对词汇有一个系统的记忆。

这样的词汇图可以使与话题相关的词汇之间联系起来，对学生记忆词义和用法十分有利，还可帮助学生在阅读中理解词汇和在写作中运用词汇。

（2）阅读记忆

阅读记忆也是一种行之有效的方法。教师可以引导学生通过阅读，根据阅读材料中提供的上下文语境来记忆单词。这种记忆方法有助于学生准确理解和记忆词汇含义。阅读训练有精读和泛读之分，因此教师应注意引导学生进行有针对性的阅读训练，在使学生巩固旧词汇的同时，也促使学生学习一些新的词汇。

（3）联想记忆

联想记忆就是以某一词为中心，联想出与之相关的尽量多的词汇。这不仅是记忆的好方法，也是培养发散思维的好方式。因此，在具体的词汇教学中，教师可尝试采用这一策略来帮助学生记忆单词。

2. 语块教学法

20 世纪 70 年代，语言学家贝克尔和博林格提出了“语块”这一概念。语块是指英语中一种特殊的多词词汇现象，是以整体形式被语言学习者习得并长期保存在记忆中，在使用时可直接从记忆中提取，无须语法生成和分析的固定或半固定、模式化了的块状结构。路易斯在其语块教学理论中指出，语块是使语言输出变得快捷、方便、流利的关键。本族人的语言之所以那么流利，主要就是因为他们的词汇并不是以单个词储存于记忆中的，而是以短语、习语等大的语块形式存储在记忆中，当用到时就能作为整体提取出来，能够有效减少资源信息处理的困难。相比较来讲，只学习单个单词的学习者往往需要更多时间来表达自己的思想。随着语言学的不断发展，语块理论在语言教学和学习中的应用已经越来越受到人们的关注。

(1) 语块教学法的意义

语块教学法在英语词汇教学中有着重要的意义，具体体现在以下几个层面。

语块教学法有助于词汇的记忆，其主要体现在三个方面。第一，语块的意义往往需要置于一定的语境中，因此会比脱离语境的意义更加牢固、准确。第二，语块的构成成分间往往会受语义搭配、语法结构的限制，因此人们在运用词汇时可以从记忆库中随时提取。第三，语块中的内部结构往往会根据需要进行改变，但是这种改变是有章可循的，因此不会造成混乱，学生使用的时候犯错的机会也比较少。

语块教学法有助于学生正确选取词汇，这集中体现在三个方面。第一，词汇语块往往是按照一定规则形成的，因此以语块为单位的记忆不需要学生特意去关注语法结构，而且学生可以防范母语的干扰，从而保证英语词汇运用的准确性。第二，人们在运用词汇时往往会做出大量的选择，只有其中的一部分被认可，而掌握大量的词汇语块有助于学生对这些词汇的选择。第三，每一个词汇语块都附带其自身的语用功能，并以一定的语义场的形式存储在人脑中，而语块就可以使学生掌握一定的语用能力，从而提高语言交际的正确性和得体性。

英语词汇数量巨大，面对浩瀚的词汇，学生往往无从下手。如果不能有效记忆单词，那么在口头交际和写作中会明显体现出贫乏，从而丧失词汇学习的信心。但是语块教学法可以帮助学生树立词汇语块的学习意识，将这些词汇语块贮存在学生的头脑中，使得他们在任何语境中都可以做到信手拈来。

(2) 语块教学法的实施

在英语词汇教学中，教师应以语块为单位来呈现和教授单词，具体可以从以下几点做起。

第一，转移教学重心。在英语词汇课堂教学中，教师应转移教学的重心，也就将教学的重心从语法转向词汇，并鼓励和指导学生依据自己的需求大量吸收语法。斯凯恩指出，语言表达的流利性取决于词汇型的交际，而不取决于语法型的沟通。而中国英语教学一直以来都背道而驰，因此中国学生总是习惯运用根据语法规则生成的句子来进行表达，而缺乏迅速将语块连接成话语的技能。因此，在英语词汇课堂教学中，教师应有意识地纠正学生机械背诵单词的不良习惯，应重点培养学生对词汇的敏感性，让学生掌握辨认语块的方法，进而培养学生运用语块的能力。

第二，寻找语块。在调整教学重心后，教师在课堂教学中应有意识地锻炼学生寻找语块的能力。例如，在讲授某篇课文时，教师可以对学生进行分组，并对课文进行分段，小组内的学生共同讨论相应语段中出现的语块，然后小组派出代表将讨论的结果写到黑板上，供其他学生判断和讨论。在学生讨论过后，教师要将学生找出的语块进行分类和讲解，从而加深学生的印象。

第三，进行语块产出训练。让学生了解和寻找语块，最终目的还是使学生能够应用语块，因此在学生找到课文中的语块之后，还需要对学生进行语块产出训练。在词汇教学中锻炼学生识别和产出语块的能力，能有效增强学生的语感，提升记忆的效果，提高学生语言表达的准确性和流利性。

3. 任务型教学法

任务型教学法以人为本，注重学生的中心地位，强调信息的沟通，活动具有真实性。用任务型教学法进行教学，可以有效激发学生的学习兴趣和内部学习动机，真实自然的教学任务能够为学生营造语言运用的氛围，给学生留下深刻的印象，进而能够收到良好的教学效果。将任务型教学法运用于高职院校英语词汇教学要遵循四项基本原则：以学生为主体、情景真实、阶梯形任务链、在做中学。此外，采用任务型词汇教学法，关键的一点是设计好符合学生的各项任务，任务要具有可操作性，具有实际意义，能激发学生的兴趣和动机，能够让学生经历一些挑战、竞争，使学生感受到成功的喜悦，体验失败的遗憾，并深入挖掘学生的智慧潜能，使学生成为独立的学习者。具体来讲，高职院校英语词汇教学的任务设计包含以下几个步骤。

(1) 课前准备

在上课之前，教师根据教学目标导入与课上内容相关的主题，并设置学生感兴趣的切入点，为下一步任务的实施做好准备。教师可以利用影音设备让学生通过跟读、复读和大声朗读等方式对已提供的生词建立起音、形、义的初步印象和概念。在词汇的口语和视听之间建立起联系，使学生在听到或要说到该词时能够迅速反应。

(2) 任务准备

当学生对所学单词有一定的了解之后，接下来教师就可以为学生分配和布置任务。需要注意的是，任务设计、任务选择、任务执行等必须科学实际，灵活开放，以人为本，为生活服务，注重实践并讲求实效。教师也可以根据教学目标和教学内容等，采用多样化的任务形式，或者将两种或两种以上任务形式相结合。例如，听说结合；情境表演任务；分组讨论；单词串联，故事接龙；自编对话，奇思妙想记单词；表演自编故事；词形联想，找出规律；复述课文，强化记忆；每日几题，巩固词汇；等等。此外，根据任务的不同以及教学效果的考虑，可以将学生分成几组，以增加互动性和竞争性。此外，在这一阶段，教师让学生明确任务的要求和规则，以便更好地实施任务。

(3) 任务实施

在这一阶段，学生根据头脑中已有的知识体系与教师布置的任务相结合，充分发挥其主观能动性，积极主动地投入思考，通过成员间的交流不断完善旧的知识体系并建立起新的知识系统，真正实现变被动学习为主动学习。实践证明，动手动脑是学生学习的最好方式。在这一过程中，教师的角色发生了改变，由传统的知识传授者变为任务的组织者和活动的监督者，其主要任务是鼓励和引导学生顺利完成任务，并适时提供帮助。在整个过程中，学生能够切实感受到自己是学习的主人，学习的积极性自然会提高。

（4）任务结束与评价

在任务结束之后，教师要组织学生互评、互测，及时发现问题和检验任务效果。针对学生出现的错误，教师要及时指出并更正，要给予有针对性的、以鼓励为主的评价，进而加深学生对词汇的理解和记忆。

（5）教学反思

在高职院校英语词汇教学中实施任务型教学法时，应注意以下几个方面的内容。

第一，教师要以激发学生的学习主动性为出发点。教师设计的任务要尽量真实，贴近学生生活，具有实际意义，使学生有话可说，让学生能够积极参与到任务中来。在词汇的教学过程中，游戏是一种激发学生学习主动性的有效方式之一。竞赛游戏更是利用小组成员内部的合作和小组之间的竞争代替了乏味的单词听写，使枯燥的词汇学习增加了更多的趣味性。学生在充满学习乐趣的环境下容易记住需要掌握的词汇。

第二，教师要面向全体学生，尽量让每个学生都可以体验到成功。任务型教学既要充分考虑每个学生学习的个体差异，又要最大限度地促进每个学生的发展。此外，还要考虑任务的难度，过易，达不到训练学生的目的；过难，容易挫伤学生的积极性和自信心。因此，任务型教学的核心是要求教师根据学生的水平差异，设计不同层次的任务，力求使每个学生都得到有效的发展，这样学生才能感受到成功的快乐，从而产生更持久的学习热情。

第三，教师应为学生提供及时的帮助。在任务教学中，教师是任务完成的帮助者，应在布置完任务后，尽快到学生中间去，帮助他们解决在完成任务过程中遇到的问题。在单词建构阶段，有些学生可能存在发音问题或对要学习的单词在书中的用法无法理解，此时教师就应及时提供帮助，以免学生的积极性受到不良影响。

第四，教师要及时总结课堂教学。在课堂教学中，教师要及时对教学情况进行总结，包括对学生成果展示的评价以及对所学单词用法的补充。对学生成果展示的评价要有针对性，要及时纠正学生在完成任务时所犯的错误，善于发现学生的闪光点并及时给予表扬。采用任务型词汇教学，不能单纯靠学生执行任务来完成词汇的学习。教师需要在学生任务结束之后进行补充，并将教学内容加以归纳总结，帮助学生抓住要点和难点。

（四）高职院校英语词汇教学中中国传统文化渗透的途径

1. 课外词汇积累

语言教学和文化教学大多是以课程教学为主要的途径，而课堂教学都是提前设计并组织好的。但是语言教学和文化教学牵扯的内容比较广泛，这个过程需要长期的实践和应用，并不是一下子就能够成功的，而且还需要教师和学生不懈地努力。另外，课堂学习的时间和空间有限，教学结构比较单一，所以学生掌握知识的难度较大。因此，课堂教学需要有课外教师的补充和完善。不少教师认为课堂教学无法真正地满足学生的要求，所以需要第二课堂、自主学习的同步进行。站在理论的角度分析来看，这种想法是切实可行的。只有适度地增加课外教学活动，才能够达到事半功倍的效果。

词汇在语言中占据着重要的地位，而且是文化载荷量最大的成分。最近几年，考试中出现了较多的文化类的谚语，文化考查对此比较关注。根据文化语言学，词汇文化可分为五类：一是在另一种语言中没有出现相似的词汇，如中国的春节；二是能够体会社会历史背景的词汇，如对松树精神的理解；三是成语和俗语，是包含社会历史文化内涵最丰富的词汇；四是谚语和警句，包含某些道理；五是礼仪性客套话。

在此基础上，教师对词汇采取三项基本措施。一是对中国文化的英文单词进行归纳和整理。将课文中提及的中国文化词汇进行补充，从而增强学生语言表达的能力。将专用教材作为范本，让学生整理出中国饮食中主食、小吃、二十四节气和工具；传统节日中涉及的主要习俗，如春联、剪纸、守岁、猜灯谜等。二是定期在墙报中展示单词及其故事。根据对不同文化词汇的阐述，在对比的基础上，以不同的形式来展现。每周一期，两人分工合作。目前城市里的标志、标语、景点介绍甚至菜单中都出现了英语，也可以动员学生收集一下，然后在课堂上进行讨论或者点评。三是每天在英语角中完成成语英译。整理与中国成语相似的英语谚语，根据用词的区别分析文化上的差异，让学生感受到中国文化导入的趣味性。

2. 感受和体验式教学

感受和体验式教学方法是一系列特别设计的教学活动。课堂成为语言和文化交流的真实场所，在这样的语言环境中学生会有一种身临其境的感觉，这样他们的学习兴趣会得到最大限度的激发。其中角色扮演这种活动会让学生把自己置于真实的文化场景中，这种活动对中国文化学习同样适用，在掌握了文化知识后，学生在真实的场景中会准确应用在他们所交流的对象上。

3. 发现式教学

中国文化博大精深，通过简单的课堂教授是远远不够的，教师还应该鼓励和引导学生去发现中国文化的魅力，鼓励他们大胆用英文表达具有中国传统文化的内容。在发现式教学方式中，教师一方面可以给学生提供一些真实的文化案例，要求学生总结并发现它们的内在价值、信仰或文化；另一方面，教师可以引导学生在真实的文化环境中发现问题，鼓励他们用英文表述出来。

4. 合作式教学

教师在课堂中通过合作的方式开展教学活动时应该成为学生的搭档，这在中国文化教学中尤其适用。在中国文化方面，学生可以展示他们的优势，教师可以在教授的同时，跟学生一起享受共同学习和探讨的过程。这样会使课堂气氛更加温馨、活跃，学生也将从中受益匪浅。

总体而言，高职院校师生在词汇教学中缺乏中国文化意识，针对这一现象，应在教学中融入中国文化。中国文化意识的提高应贯穿于整个词汇教学过程。

二、中国文化与英语语法教学的融合与渗透

语法是语言使用规律的综合，以语法为媒介，词汇可组成短语、短句、简单句、复合句等多种表达方式。语言的学习时刻都受语法规则的影响和支配，语法学习贯穿语言学习的始终。但因文化背景等的差异性，在语言组织、语言使用过程中也有各自的特点，其语言形成的语法规律也不尽相同，了解英汉语法的差异以及中国传统文化，可以使语法学习更加有效。因此，教师在开展英语语法教学时，应渗透中国传统文化，提高学生运用语法知识进行跨文化交际的能力。

（一）高职院校英语语法教学的内容

与英语其他方面的教学相比，语法教学中的知识点比较零散，归纳起来主要包括词法、句法、章法和功能。

1. 词法和句法

初级阶段的语法教学内容包括词法和句法两部分。

词法可以进一步分为构词法和词类。构词法讨论不同的词缀、词的转化、派生、合成等内容，词类可以进一步分为静态词和动态词。当然，静态词并不是绝对不变的。例如，形容词有比较级和最高级的变化，名词就有格、数、性等的变化。动态词主要包括动词以及直接与动词相关的语态、时态、分词、动名词、不定式、情态动词、助动词、虚拟语气、不定式等。

句法可以分为三大部分，即句子成分、句子分类、标点符号。句子成分是指单词、词组或短语在句子中所起的作用或功能，主要包括以下八大类：主语、谓语、宾语、表语、定语、状语、同位语、独立成分。依据不同的分类标准，可以将句子分为不同的类型。按句子的目的可以分为陈述句、疑问句、祈使句、感叹句；按句子的结构可以分为简单句、复合句和并列句。主句、从句、省略句等也是与句子有关的内容。句法学习的内容还包括标点符号。此外，词组的分类、功能、不规则动

词等也属于句法的学习内容。

2. 章法

章法是语法教学在高级阶段的主要教学内容。学生在学习了一段时间的词法和句法之后，已经掌握一定的语法基础，此后就要进行章法的学习。章法的教学内容主要涉及句子之间的逻辑关系、篇章的结构逻辑等。

英语语法的内容十分繁杂，常会使学生顾此失彼，这也是学生在语法学习和使用中最困难的地方。因此语法教学应该有一个核心。语法教学的核心是整个语法知识和技巧发展的基点。

3. 功能

功能指的是语法的运用，也是英语语法教学的重要内容。语法项目，无论单词、短语还是句子，都具有一定的表意功能。不同的句式所具有的表意功能不同，同一种句子也可以具有多种表意功能。语法的功能还表现在句子所传达的言外之意。

语法体系不仅涉及不同的词法、句法结构等知识性内容，也涉及功能用法，涵盖内容十分广泛。在具体的英语语法教学中，教师应根据教学目标和学生的具体情况，循序渐进地向学生传授语法内容。

(二) 高职院校英语语法教学的原则

在高职院校英语语法教学中，教师应遵循以下几个基本原则，来培养学生的语法能力，保证语法教学效率。

1. 以学生为中心原则

在教学不断发展的同时，学习观也在不断发生变化，学习不再被看成单纯地接收信息的过程，而是学生共同参与的过程。培养学生的英语综合应用能力是英语教学的主要目的，因此，英语语法教学应从“提供知识”向“展开活动”转变，鼓励学生积极参与，让学生在参与、实践和体验中共同建构语法知识，提高语言能力。换句话说，在高职院校英语语法教学中，教师应以学生为中心，充分发挥学生的积极性，鼓励学生参加语言活动，努力将语法规律的发现、学习和掌握让学生自己去完成，从而培养学生的语法学习兴趣。

2. 真实性原则

高职院校英语语法教学还要遵循真实性原则，这一原则与交际原则是相辅相成的。语言学习的目的是交际，而现实中的交际都是真实的，所以，语法教学要具有真实性，这样学生在语言活动中感受语法时，语法不再只是一些抽象的规则，而是活生生的交际生活中必不可少的组成部分。学生在这种真实性教学中能提高有效学习的兴趣，而且能了解语言运用的语境，从而有效提高学习的效率。

3. 循序渐进原则

人们对事物的认知往往都要经历一个由浅入深、由简单到复杂的变化巩固过程，不可能一次完成。语法学习也要经历这一过程，这样才能更加牢固地掌握语法知识。根据这一规律，教师在教学中就要遵循循序渐进原则，即遵循由表及里、由一般到特殊的原则开展教学。此外，教师在教授语法点时要不断循环往复，这种循环往复并不是简单的重复，而是根据具体情况有变化地重复，以使学生在“认识—理解—掌握—运用”的过程中掌握语法。

4. 系统性原则

英语语法教学中存在的一个普遍问题就是系统性不强，对一些相近的概念解释不清。语法是关于语言知识的系统描写，如果学生所掌握的语法知识不够系统，则不利于他们语法知识的理解和记忆，也不利于他们对语言的灵活运用。因此，在高职院校英语语法教学中，教师应遵循系统性原则，引导学生及时总结和归纳语法知识，使其更加系统。学生只有了解语法之间的关系，才能触类旁通，在头脑中形成完整的语法体系和图式。具体来讲，教师要突出阶段性和系统性，一段时间的教学之后，教师就应全面系统地归纳语法知识，帮学生建立结构完整的语言体系。而且教师应注意新旧知识之间、新输入与原有经验之间的关系。教师在语法教学中应适时地归纳已学知识，让学生的新旧知识之间建立起联系，以已有知识作为新知识的“生长点”，去引导学生建构新的知识，进而不断丰富学生的语法知识，培养学生的语法能力。

5. 交际原则

学习语法知识不仅是要了解和掌握这些知识，而且是要将这些知识应用于交际。有学者指出，在语法教学中，了解语法概念固然重要，但是只读语法书并不能真正了解语法概念，还必须不断地实践才能清楚语法概念，所以，学习语法应在实践中不断运用所学的语法知识。因此，在英语语法课堂教学中，教师应变传统的语法知识体系为语法应用体系，将语法学习与语法应用结合起来，培养学生的语言运用能力和交际能力。

6. 精讲多练原则

高职院校英语语法教学应遵循精讲多练原则。英语语法规则本身就比较烦琐，所以，在教学中讲解语法规则时应避免赘述，力求所讲之处一语中的，切中要害，并充分利用教具，通过一些形象、直观的方式讲解，从而使学生从“懂语法”到“会语法”。在精讲之后，通常还要进行大量的练习，并且练习的方式应确保丰富、多样，如采取英汉互译、改错以及应用性写作等。此外，在举例时，应与学生的现实生活和工作贴近，确保例子具有鲜明的时代特点，并且所选择的例子应尽可能有利于激发学生思维的积极性，促使学生主动参与教学活动。

7. 情景性原则

在高职院校英语语法教学中遵循情景性原则，其目的是培养学生运用语法的能力。具体而言，教师在教学中应多注意收集学生感兴趣的话题，并将它们设计成相应的情景，通过生动活泼的语言呈现给学生。教师还可以将时事、新闻等进行编排，为学生练习语法提供生动真实的材料，从而让学生接触真实的情景，使其在真实的情景中锻炼语法能力。

8. 文化关联原则

文化与语言的紧密关系是众所周知的，所以，文化与语法之间有着密切的关系。在高职院校英语语法教学中，教师应注意文化因素对学生学习的影响，并有意识地结合不同文化，将英语还原至当时的语境中，以便帮助学生理解和记忆语法知识。总之，在英语语法课堂教学中遵循文化关联原则，有助于加深学生对语法的认识，提高学生的语法运用能力。

（三）高职院校英语语法教学的方法

1. 语境教学法

结合具体语境进行语法教学是一种非常有效的教学方法。学生在语境中对语法规则进行体验、感悟、总结和运用，不仅能学以致用，而且对提升交际能力也大有裨益。借助语境进行的语法教学有效弥补了传统语法教学中对外在语言环境的忽视这一不良的情况，具体可以通过以下几种方式来设计语境，有效开展语法教学。

（1）借助多媒体教学手段来设计语境

多媒体具有集图、文、声、像于一体的优势，多媒体可以为语法规则的学习和教学提供使用语言和用语言进行交际的具体语境，并且能够使静态化、枯燥的语法知识变得更加立体、有趣，能充分调动学生学习的主动性和积极性。因此，在具体的语法教学中，教师可以充分利用多媒体创设语境，让学生在与以英语为母语的人士进行交际的过程中掌握语法知识。

（2）借助现实场景来设计语境

英语教学通常也是发生在特定的时空和场合的，是在师生间展开的。一些从表面上看似单调乏味的日常教学实际上也蕴含着一些鲜活的情景语境，因而教师应学会善于发现并对这些现实场景进行充分利用，结合语法规则的特点来设计语境。以祈使句这一语法项目的讲解为例，祈使句的主要功能为表达命令、指示和请求，或者可以用来表示劝告、建议、祝愿和欢迎等意义。在具体的语法教学中，教师就可以利用师生、生生间的身份并配合一定场景来开展相应的情景教学。

（3）借助语篇来设计语境

语篇能够为语法规则的归纳、比较与总结等提供较好的上下文语境。语法教学中的一些常见的语法知识点和项目，如冠词的使用、时态、主谓一致关系和非限定性动词的使用等通常都应置于一定的上下文语境中，只有置于语境中来讲授这些语法知识才能更加充分地体现和理解这些语法项目所蕴含的意义。

2. 互动教学法

互动式教学以社会互动论、人本主义为基础，又称“互动教学法”或“互动合作学习法”。通过互动教学法，不仅可以改变学生被动地接受知识的状态，而且能激发学生的学习积极性，提高学生的实际运用能力。该教学法主要有以下几种类型。

（1）师生互动

师生关系在课堂上的具体表现就是师生互动，也就是教师和学生利用目的语进行有意义的交际的活动。教师在互动式教学中作为课堂活动的参与者和设计者，不仅要注重对学生自主性和独立性的培养，而且要帮助和引导学生在语言实践中习得语法。

在教学中，师生互动具体体现在“问”与“答”上，尤其在“问”的环节上体现得尤为突出。高质量的问题更能有效促进学生的积极参与意识和激发学生的思维，并且通过问题的环节对语法项目理解得更透彻。

（2）生生互动

生生互动就是让学生通过用英语进行交际来完成预设的学习任务。生生互动也是合作学习的一种形式，其可以将枯燥的语法项目置于生动的语言交际活动中，给学生提供更多的语言交际的实践机会，引导和组织学生运用所学的语法知识进行互动活动，学生入情入境，展示自我。

（3）人机互动

人机交互活动是指在语法教学过程中借助多媒体教室和网络通信技术的交互功能，建立师生合作和生生合作的机制。多媒体课件在英语语法教学中的应用，可以实现学生和课件之间的互动。除了与教师之间的互动交流外，学生可以更加主动地与课件进行交流。人机交流在语法教学中的应用可以让学生感受多维刺激，使语法学习变得不再枯燥无味，有助于提高语法学习的效果和效率，并且为学生自学兴趣和自学习惯的形成和发展提供更广阔的发展空间。

3. 任务型教学法

运用语法是学生学习语法的最终目的，所以将任务型教学法运用于英语语法教学意义重大。任务型教学法融合了交际教学法的理论和研究成果，以任务为中心，注重学生的主体地位，根据学生的不同水平创设不同的任务化活动，让学生在完成任务的过程中调动学生的学习内驱力，锻炼学生发现问题、解决问题的能力，培养学生的合作意识，让学生体验完成任务后的喜悦，发挥学生的潜能。任务型教学法在英语教学中的实施具体包含以下三个步骤。

（1）任务前阶段

在任务前阶段主要是做一些准备工作，以便为接下来的活动提供保障。在这一阶段，教师的主要任务是让学生了解任务的主题以及要达到的目标。教师可以采用不同的方式引入主题，如展示图片、组织学生讨论等。教师还要提前预测并解决任务中可能出现的问题，如教师可以提供某些词语或词组，让学生听录音或听课文等。这些准备对帮助学生回忆词语，有效完成第二阶段的活动十分有利。

（2）任务中阶段

任务中主要包含三个环节。第一环节是执行任务，教师可以组织学生以结对子或分小组的形式完成任务。在这一环节，学生可以运用所学的知识表达思想，内容可以围绕与主题相关的材料进行。教师可以给予学生必要的帮助，但不能干预学生的活动或对学生的错误进行纠正。第二个环节是策划，学生可以草拟或预演下一环节的书面内容或要说的话。教师可以就学生的活动情况提供帮助，学生此时也可以向学生提问。第三个环节是报告，教师让学生汇报任务成果，然后对汇报的内容进行点评。

（3）语言点阶段

语言阶段具体包含两个方面的教学，即分析和练习，目的是促使学生了解语法规则，并且通过练习巩固所学内容。在这里，分析并不是指语法分析，而是教师根据课文设置一些与语言点相关的任务。此次教学中，教师主要是分析学生在一般将来时方面是否存在错误或者表达不妥的问题。在练习阶段，教师可以根据具体内容组织各种练习活动，如朗读词语、完成句子等，以巩固学生的知识。

4. 网络多媒体教学法

利用网络多媒体等先进的教育技术有利于在语法教学中创造轻松、愉快的气氛，减少学生的学习焦虑，并且有效调动他们的学习积极性，使他们积极进行思考，提高思辨能力与学习效果。具体来说，在语法教学中采取网络多媒体教学法可以从以下几个方面入手。

(1) 利用课件呈现语法知识点

教师可以充分利用网络多媒体课件，将语法知识点、语法句型等呈现给学生，从而通过生动、形象的输入来帮助学生进行理解与记忆。这不仅可以集中学生的注意力，还能引导学生对规律进行总结，实现举一反三。

(2) 采用课后自主拓展模式

网络环境下的英语语法教学还要求学生课后进行自主学习，因为仅仅依靠课堂的短暂教学是很难掌握的，所以教师应该引导学生在课后展开自主学习。

具体来说，教师可以创建一个讨论组，使资源得到共享。在讨论组中，教师将预先设计好的指导性问题和相关内容上传，学生可以提前进行预习，如果有问题可以提出问题，大家也可以参与讨论。此外，教师可以通过 E-mail 形式进行辅导和交流。这不但可以打破时空的限制，还可以缓解课堂的紧张气氛，让学生更轻松地学习语法知识。

(四) 高职院校英语语法教学中中国传统文化渗透的途径

在高职院校英语语法教学中，教师不仅要教授英语语法知识，还要渗透中国传统文化，这样才能激发学生的兴趣，丰富学生的文化知识，提高学生的语法能力。具体而言，教师可以采用以下几种途径来渗透中国传统文化知识。

1. 分析英汉语法差异，结合文化对比

因生活环境、历史文化、思维方式的不同，不同文化背景下的人们在组织语言时会有其独特的习惯。就语言中的语法而言，语法中的句子结构因受文化因素的影响也会出现很大差异。

语法是语言交流的基础，没有语法就无法说出正确的句子，也就无法表达意图；只懂语法而对文化一无所知同样会造成语言交流的障碍，二者是相辅相成的关系。语法学习可以提高语法运用的能力，进而有效地传播文化内涵。

如果不了解英汉语言在结构上的差异，就很可能按照汉语思维来表达英语句子，进而会出现很多的语法问题。

因文化背景的不同，英汉语言中的语法存在很大差异，这些差异影响着学生对语法的理解和使用。因此，在大学英语词汇教学中，教师不仅要讲授语法知识，还要将语法与文化相结合，切实提高学生的语法知识水平和运用语法知识进行跨文化交际的能力。

2. 开展文化实践活动

文化实践是语法教学的一个重要部分，所以教师应该多组织学生参观当地博物馆、展览会，也可以进行实地的访问或调查。这样可以让学生充分接受中国文化的熏陶，深刻地了解中国的文化特点，从而更好地接受汉语文化知识，同时能充分调动学生的主观能动性，打破传统的教学方式。学生身处实际的文化环境当中进行汉语运用，并且根据教师的提示，自主观察、研究和总结文化知识，这种直接的感知教学，可以让学生自己提炼学习重点，能够将教授的知识深刻地印入学生脑海并且促使其熟练、正确地掌握和使用。对一些没有实际经验，缺乏感性、理性认识结合的学生而言，文化实践是将书本和实际结合的重要途径。

总体而言，分析英汉语法差异，开展丰富多样的实践活动，可以有效激发学生学习的积极性，促使学生更加深入地了解和掌握中国语法知识，更好地帮助英语语法知识的学习和运用。

第二节　文化与英语听说教学的融合与渗透

一、中华文化与英语听力教学的融合与渗透

听是人们进行交际的重要方式，也是语言学习的重要内容。在英语的听、说、读、写四项基本技能中，听的作用和地位至关重要，是其他几项技能提高的基础和保障。所以，听力教学一直都是高职院校英语教学的重要组成部分，但学生的听力水平普遍不高，这不仅与学生的学习能力不强、教学环境欠佳有关，也与学生的积极性不高有关，因此为了激发学生的学习积极性，教师可以在听力教学中融入中华传统文化，这样可以有效激发学生的学习兴趣，同时还能丰富学生的汉语文化知识。

（一）高职院校英语听力教学的内容

教学内容是英语听力教学的基础，是学生学习的重点，也是教师开展教学的基础。高职院校英语听力教学的内容主要包含以下几个方面。

1．听力知识

听力知识包括很多方面，如语音知识、语用知识、策略知识、文化知识等。语音知识不仅是语音教学的内容，还是听力教学的内容。熟练掌握英语的发音、重读、连读、意群和语调等语音知识有助于提高学生的语音识别能力和对语音的反应能力。因此，教师在听力教学中还要加强对学生的语音训练，如对听音、意群、重读的训练等，以使学生熟悉英语的表达习惯、节奏，适应英语语流，从而为学生的听力奠定基础。

听力材料中常涉及一些有关言谈交际的话题，并且会话含义在交际中是一种普遍的现象，要理解这方面的听力材料，就需要借助相应的语用知识，因此语用知识也是英语听力教学的重要内容。

策略知识有助于学生根据听力材料和听力任务的不同选择合适的听力策略，提高听的效果，所以听力策略也是听力教学的重要内容。

因缺乏相应的文化背景知识，学生的听力活动常会受阻，因此文化

知识也应成为英语听力教学的重要内容。

2. 听力技能

听力技能是英语听力过程中必须具备的一项内容，因此是听力教学重要的一项内容。具体来说，在听力教学中，教师要向学生传授以下听力技巧。

（1）辨音能力

在听力理解的过程中，学生需要具备基本的辨音能力。例如，辨别音位、语调、重读音节等。

（2）交际信息辨别能力

听力材料呈现出明显的交际性，因为听力材料大多是由交际性语言组成的，因此学生需要掌握基本的交际信息辨别能力，如话题起始语、话题转折语、话题终止语等。

（3）大意理解能力

这项听力技能的教学内容主要是要求学生能够及时抓住交际者的意图等。

（4）对细节的把控能力

听力活动不仅需要学生掌握主旨大意，也需要学生掌握足量的细节信息，这些细节信息是听力理解的基础。所以，对细节的把控能力也是学生应掌握的技能。

（5）推理判断能力

推理判断能力也是学生必备的技能之一，因为听力材料中的交际者是根据一定的目的进行交际的，学生需要依据推理判断能力去揣摩说话人的意图，进而保障听力活动的顺利进行。

（6）词义猜测能力

具备词义猜测能力是一个合格的听者的必要条件，常用的词义猜测方式有根据上下文判断、借助整体语境、搜寻已有信息等。

（7）预测能力

预测能力指的是根据一定的语境信息以及已有知识，来预测下文语言话题的发展与转向。

(8) 记笔记的能力

听力活动具有时间短、不可重复的特点，而且学生的记忆能力是有限的，不可能在短时间内记住所有的内容，这就需要学生具备一定的快速记笔记的能力，以辅助记忆更好地完成听力任务。

3. 听力理解

听力理解也是高职院校英语听力教学的重要内容之一。培养学生的听力理解能力实际上就是培养学生对句子和语篇的理解能力，使学生的理解由“字面”到“隐含”再到“应用”。听力理解是一个循序渐进的过程，必须经历四个环节，即辨认、转换、重组、评价与应用，通过这一过程，学生的听力能力才能逐步提高。

第一，辨认。在听力理解中，辨认是其前提，同时也是听力活动发展的基础。语音辨认、信息辨认与意图辨认是辨认的主要内容。其中，语音辨认是最简单的，只要学生掌握了一定的英语知识即可，最困难的是意图辨认，不仅需要听者以语音、信息辨认为前提，还需要积极发挥自己的交际能力和文化能力。进行辨认能力训练。教师可以采用乱序训练法，将一个完整的听力材料打乱顺序，要求学生进行重新排列，并指出每一部分所对应的辨认方面。

第二，转换。听力理解中的转换指的是将所听材料中的内容转换为图表的能力。这种转换不仅需要听者辨别听力材料中的短句与句型，同时需要分析已知信息进行适当转换，是对听者能力的考验，也是听力理解的第二个层次。

第三，重组与再现。听力理解的第三个层次是重组与再现，这需要教师对学生的口、笔能力进行提高。

第四，评价与应用。对听力语言进行评价、应用是听力理解的最后层次，也是难度最大的内容。听力理解具有目的性、交际性，需要听者明确交际意图，并进行语言回应与沟通。因此，在听力教学过程中，教师需要锻炼学生在不同的听力理解层次进行灵活的听力行为应对。此外，为了提高学生的评价与应用能力，教师可以在教学中增加听力讨论与交际的练习。

4. 语感

英语语言学习讲究良好的语感，也就是对英语的直接感知能力。良好的语感有助于学生在语法有所欠缺的条件下依然能够快速而正确地作出判断，所以高职院校英语听力教学中也应有意识地培养学生的语感。

（二）高职院校英语听力教学的原则

高职院校英语听力教学的开展应遵循一定的原则，这样才能使教学效果更加有效。具体而言，高职院校英语听力教学可遵循以下几项原则。

1. 循序渐进原则

任何学科的学习都不是一蹴而就的，都需要经过一个循序渐进的过程，英语听力学习也不例外。这里的循序渐进是指英语听力教学要由简到繁、由易到难地展开。这一原则在听力材料的选择上发挥着重要的作用。在选择听力材料时，要注意材料难度的阶梯性，应由简单逐步向复杂过渡。在听力教学初期，教师应选择那些吐字清晰、语速较慢的材料，同时兼顾材料的真实性和多样性，如可选择一些新闻、故事以及一些社会热点话题等，以培养学生的听力学习兴趣。当听力教学逐步加深之后，教师可根据实际情况增加材料的难度，以满足学生的求知欲望，提高学生的听力水平。

2. 激发兴趣原则

兴趣对于学习的重要性是不言而喻的，是确保学生听力学习高效进行的基础。不可否认的是，我国学生的听力水平普遍较低，这与听力教学枯燥乏味、学生缺乏学习兴趣有很大的关系。对此，在开展英语听力教学之前，教师应对学生的兴趣有所了解，即了解学生喜欢什么样的听力材料、喜欢什么样的听力活动等，并据此采用相应的教学方法来激发学生的学习兴趣，进而有效培养学生的听力能力。

3. 选材真实原则

英语听力课堂教学的目的不是让学生应付听力考试，而是培养学生的听力能力，使学生能够有效地进行跨文化交际，能够在真实的情境中运用语言，因此听力材料的选择要具有真实性。例如，教师可以选取一段完整的广播节目或者选取一段英语电影片段等让学生听，这种真实的听力材料能让学生接触和感受地道的英语表达，领悟英语语言与文化特点，培养英语语感，进而提高英语听力水平。此外，听力材料的选择应注意难度适宜，既不能太简单，也不能太难。如果听力材料过于简单，会使学生产生轻视心理，不利于学生听力水平的提高；如果所选择的材料过难，则会给学生带来心理负担。

4. 分析性和综合性相结合原则

分析性的听是指在听力进行时，使学生将注意力集中在对材料中的细节部分的理解和记忆上，在听的过程中注重细节分析，逐词逐句地将听到的内容进行分析，这是听力教学的基础训练。而综合性的听是指在听的过程中将重点放在材料整体的把握上，也就是在听力基本训练的基础上所进行的整体的听的练习。综合性的听主要是对材料内容有一个整体印象和理解，这种方法主要针对的是听力题中对材料主旨的理解、对整体思想的分析等。在听力训练中的听力题既包括材料的整体理解，又包括细节分析，对此在听力教学中教师应将分析性的听与综合性的听结合起来，以有效提高学生的细节分析能力和整体理解能力。

5. 分散训练和集中训练相结合原则

分散训练是指通过各种语言教学，即语言教学、词汇教学、语法教学等，让学生不自觉地接受听力的专项训练。例如，在词汇教学中，学生应了解词汇的读音，掌握词汇的含义及用法，并能听懂词汇在具体应用中的句子。这种听力训练要求在具体教学中尽量多地使用地道的英语，这样可以使学生的听力得到潜移默化的训练。集中训练是在分散训练的基础上，每周专门抽出 1～2 课时进行大量的、有指导的强化训练，以帮助学生解决具体问题。集中训练可以有针对性地抽取听力难点进行训练，能有效减少学生在这些方面理解的偏差。这种分散训练和集中训练相结合的方式能有效提高学生的听力能力。

6. 与说、读、写相结合原则

听、说、读、写这四项基本技能是相辅相成、相互促进的关系。因此，在英语听力教学中，教师应将这四项基本技能结合起来进行教学。听与说不可分割，在交际过程中，一个人听的过程实际上就是另一个人说的过程，所以在教学中可将听与说结合起来进行训练。例如，利用听力材料中的语言来完成口语任务，可以有效培养学生的口语交际能力；而朗读、模仿使用和复述听力材料，并背诵一些优秀的文化，可有效积累语言素材，还能培养良好的语感，良好的语感又能进一步提高记忆和听力理解能力。此外，根据所听材料进行角色扮演、展开情景对话等都是以说促听的有效方法。

将听与读结合起来进行教学，不仅能增强学生的语感，还有助于学生将单词音、形、义三者统一起来，有效地减少判断误差的发生，对于学生听力的培养有积极显著的促进作用。此外，经常采用边听边读的方式，还能加深对文章的理解，提高对语言的反应速度，不再习惯性地采用汉语的思维来理解英语。听与写相结合的最佳形式就是听写练习，如将对话改写成短文等。听与写结合不仅能促进学生语言能力的培养，还能提高学生的分析、理解和归纳能力，这对提高学生的语言敏感性和听力水平十分有利。

（三）高职院校英语听力教学的方法

1. 体裁教学法

近年来，很多教师将体裁教学法运用于高职院校英语听力教学中，并获得了较好的教学效果。下面就体裁教学法在高职院校英语听力教学中的运用进行简要分析。

（1）体裁分析

体裁分析是第一个阶段，即教师对听力材料进行详细分析，包括文化和语言两个方面。由于文化存在很多差异，教师在听力教学中应注意对听力材料体裁有关的社会、历史、风俗习惯等背景知识进行分析，使学生了解这些背景知识。就语言方面而言，教师应注意对体裁的图式结构进行分析，使学生了解这类文章的写作过程与特点，这也是教学过程的一个重点。

（2）小组讨论

在该阶段中，教师可将学生分为若干小组，播放同一题材的材料，然后让学生在小组中对这些材料的结构、语言特点等方面进行讨论。该阶段旨在增加学生的参与程度，学生只有参与到活动中来，才能积极主动地进行思考、学习，从而更好地理解语篇。

（3）独立分析

小组讨论结束之后，教师可以让学生听一篇某一题材的典型范文，然后要求学生模仿教师在第一步骤中使用的方法，即对语篇的文化和语言两方面进行分析。这一步骤改变了教师垄断课堂的局面，使学生有充足的时间来思考。

（4）模仿使用

学生通过自主分析对材料的体裁特征进行掌握之后，教师可根据交际目的，选择社会公认的模式，让学生使用英语进行有效的交际，使学生在实际运用中牢牢掌握所学题材特征，学以致用。

当然，在高职院校英语听力教学的实践中，教师可根据实际情况对以上步骤加以调整，从而获得最佳的教学效果。实践证明，在高职院校英语听力教学中运用体裁教学法，通过对文章体裁、语境、文化背景、结构和语言特点的分析，掌握相对稳定、可借鉴的模式，全面地理解文章，可有效提高学生的听力水平。此外，体裁教学法对学生创造性思维的开发也十分有利。

2．听力技能训练法

在高职院校英语听力教学中，教师可采用听力技能训练法，重视对学生听力技能的培养，逐渐提高学生的听力水平。下面介绍几种常见的听力技能训练。

（1）有效利用信息

第一，利用文字、图片等视觉信息。很明显，听觉信息是听力理解的主要信息，所以大部分学生的精力都放在了听觉信息上，而且与听力相关的文字、图表等视觉信息也会给学生的听力理解带来很大的帮助。例如，英语电视节目的画面对于内容理解就有很大的帮助。有时候很多英语新闻节目在播报新闻时，屏幕的下方往往会显示新闻内容的关键词，这些关键词对于新闻内容的理解十分有利。所以，在教学的过程中，教师应鼓励学生在听的过程中充分利用各种与听有关的信息。

第二，利用已掌握的知识。在这里，已掌握的知识不仅指一些日常学习的语言知识，还包括一些生活常识、科普知识以及一些英语国家的历史、文化、地理、风土人情等背景知识。学生在听的过程中遇到的很多困难，往往都是因缺乏相应的背景知识而造成的，因此充分利用已有的知识对顺利完成听力有很大的帮助。这就需要学生具备一定的背景知识，并在听的过程中将这些知识背景有效激活。

（2）听前预测

所谓听前预测，是指在完成听力任务前先对听力任务中的每个小题的选项进行通读。通读一方面可以预测将要听到的语言信息，另一方面可以提前掌握一些人名、数字等特别信息，这样对于有效完成听力任务十分有利。

（3）注意所提问题

弄清楚所提问题在听力训练中也是非常关键的，因为只有听懂了所提问题，才有可能选出正确答案。

（4）留意关键字

对于一段听力材料来讲，要想完全听懂有一定难度，但是这并不表明就不能答题，有时候只听懂了其中的一部分，仍能答对问题，这里面关键词的把握十分重要。在听的过程中要留意关键词，抓住了关键词，问题也就解决一大半了。因此，在教学中教师应有意识地培养学生抓关键词的能力。

(5) 边听边记录

完全听懂和完全记住所有的听力内容是非常困难的，但是可以借助记笔记有效弥补这一缺陷。所以，教师要引导学生养成边听边记录的习惯，并提醒学生注意以下两个问题。

第一，记笔记要具有选择性。在教学中，教师让学生明白在记录的过程中应具有选择性，所记录的信息应是重要的、容易忘记的信息，如时间、地点、数量等。

第二，有效运用缩写、符号。有效、合理地运用缩写、符号等，可减少记录的负担。所以，在教学中教师可向学生介绍一些常用的缩写和符号，指导学生适时地运用缩写与符号等，以提高记录效率。

3. 互动教学法

互动教学法是调动学生积极性、激发学生自主学习的有效方法。所谓互动教学法，就是将以往传统的英语听力课堂上学生听材料与理解材料内容之间的单向活动，转换为学生与所听材料内容进行交流的双向活动。根据听源的不同，互动教学可分为以下两种方式。

第一，听人说话时的互动。听人说话时的互动要求说话人通过提问以及其他方式随时与听话人进行交流互动，并依据听话人的反应，及时对所谈论的内容进行解释和调整，换言之，即说话人与听话人进行语言意义的谈判，目的是确保听话人真正明白说话人的意思。

第二，听录音时的互动。教师在学生和录音材料之间架起了交流的桥梁，教师是实现听录音互动的关键因素。因此，在学生听录音时，教师可将听力材料进行分割，分为若干部分。每当听完一部分后，教师可采用提问的方式与学生进行互动交流，以便及时了解和掌握学生对所听内容的理解情况。

4. 任务型教学法

教师可采用任务型教学法开展听力教学。任务型听力教学是让学生通过完成真实的听力任务来培养学生的听力理解能力，在完成任务的过程中，可充分发挥学生的认知能力，使学生在积极参与、互动、合作的活动中发展自己的听力能力，同时培养自身的自主学习能力、合作意义和探索精神。任务型听力教学强调学习任务的真实性，具体包含以下三个阶段。

(1) 听前任务阶段

听前任务阶段的主要任务是做准备，在这一阶段教师要帮助学生激活已有的与听力材料相关的各种知识，并根据听力材料的内容适当地给学生补充背景知识，同时激发学生的学习动机。背景知识具体包含两方面的内容：一是文化背景知识，二是形式背景知识。前者指的是对不同国家社会与文化的了解，后者指的是对文章文体、类型、组织结构等语言知识的了解。在听前帮助学生回忆已有知识，降低了学生听力理解的难度，使学生将旧的知识和新的知识结合在一起，使学生在完成任务的过程中获得成就感。

(2) 听时任务阶段

听时任务阶段也就是听力实践阶段，主要是训练学生在适应语音、语速、语调的基础上，获悉文章大意、捕捉文章主要信息的能力，保证学生听的有效性。在这一阶段，教师可以设计一些具体任务。例如，教师可以设计一些细节问题，让学生重复听录音之后口头回答；或是一些文章中没有具体答案的问题，这样的问题有助于学生通过听前的图式建构和听中的信息获取积累背景知识，从而在讨论中有话可说。此外，教师也可以设计一些其他形式的口语练习，激发学生参与的积极性。

(3) 听力后任务阶段

听力后任务阶段是结合学生听力任务展示所反映的问题，进行词汇、语法以及听力策略的专项训练。听后活动的主要任务不仅仅是检查答案，而且应该查找学生存在的问题，针对问题进行相关指导。此外，由于听力材料一般都会包含一些运用语言的良好例证，如建议、邀请、拒绝、道歉等。在听力实践后，教师可以让学生回忆这些表达方法，学习使用它们。

5. 情感教学法

作为英语听力教学的重要组成部分，情感有着至关重要的作用。积极的情感不仅有利于提高学生的听力学习效果，还能促进学生的全面发展，而消极的情感则会给学生的听力过程带来阻碍。因此，在高职院校英语听力教学过程中，教师应注重激发自己听力学习过程中的积极情感因素，努力克服学习者在听力理解过程中的消极情感因素。情境教学法在高职院校英语听力教学中的运用可从两个方面入手。

(1) 加强学生认知

在应试教育与传统单一教学模式的影响下，很多学生在英语学习中缺乏积极性与主动性。在教学改革背景下，教师要求学生应该主动参与课堂活动，参与知识的构建，因此学生必须改变传统被动接受知识的形式，充分发挥自身的主观能动作用，使自己适应社会发展的需要。例如，对于发音不准确的学生，教师可以安排学生利用课余时间进行语音训练，帮助学生纠音；对于语法知识不熟悉的学生，教师可以让学生多读一些课外读物，从实际的应用中了解语法，对于不明白的，教师可以对其进行单独讲解。只有这样，才能切实提高学生的认知能力。

(2) 激发听力动机

在高职院校英语听力教学的过程中，形成性评价对学生听力的学习具有重要的作用。肯定的评价可有效增加学习者的自信心，提高他们学习听力的兴趣。因此，教师应尽量给学生积极的正面评价，多表扬，以此消除他们对英语听力的恐惧心理。具体而言，教师可以根据自身不同的学习程度和水平设计不同的任务。

如果学生基础知识较好，可就听力材料进行中心意思的概括，或对听力材料进行推理、猜测生词、推断上下文的内容等。如果学生的回答比较合理并受到积极的评价，则会提高其学习的信心。如果学生基础知识较薄弱，可就听力材料提出一些简单的问题，如时间、地点、人物等涉及的相关问题进行回答。此外，教师可以利用语言测试的终结性评价的反拨作用，通过英语听力的成绩测试和水平测试激发学生的学习动机。教师应注意把握好听力测试的信度、效度和区分度，测试的内容不要太难。这样的话，基础不好的学生可以顺利通过测试并找回学习听力的信心，而基础较好的学生又可以找到差距，发现自己听力学习中的不足，激发他们向英语听力更高水平迈进的学习动机。

（四）高职院校英语听力教学中中华传统文化渗透的途径

在高职院校英语听力教学中，教师应积极融入中华文化，在丰富学生英语听力知识的同时深化学生对中华文化的了解，这样不仅能激发学生的学习兴趣，丰富学生的文化知识，也有利于学生听力水平的提高。

1．在教材中融入中华文化

教材是听力教学的重要载体，也是开展听力教学的物质基础。因此，教师应积极在听力材料中融入中华文化，丰富听力教材的内容，提高听力材料的文化性。为此，听力材料的编写者应根据学生的汉语水平设置生活、工作、学习、社会文化等具有一定难度的交际话题。例如，教材编写者可以设置气候、交通、工业、法律、教育、婚姻等话题，加强学生对中国社会文化的了解。

2．改进听力教学方法

在听力课中融入中国文化时，教师应积极改进听力教学方法，拓宽文化融入的途径。

具体来讲，教师可以采用语言传递的方式，口头为学生讲解中华文化。并且，教师可以采用直观感知的方式，为学生展示中华文化的相关图片、视频、实物等。另外，教师还可以采用引导探究的方式，鼓励汉语学生对中华文化进行探索，要求学生收集中华文化的相关资料，并对中华文化进行实地考察，让学生真正接触中华文化。

综上所述，在高职院校英语听力教学中，教师不仅要传授英语听力知识，也要讲解中华文化内容，这样不仅可以丰富学生的中华文化知识，还有利于学生更好地学习英语知识，提高学生的英语听力能力，使学生更好地进行跨文化交际，同时有效地传播中国璀璨的文化。

二、中华文化与英语口语教学的融合与渗透

口语是人类交流信息和表达思想的重要方式之一，也是学生学习的重要技能。随着社会对英语口语人才需求的加大，高职院校英语教学对口语教学越来越重视。因此，为了提高我国学生的英语口语表达能力，高职院校英语口语教学应积极进行改革。教师在教学中应渗透中华传统文化，以激发学生的学习兴趣，提高学生的学习能力。

（一）高职院校英语口语教学的内容

可以毫不夸张地说，口语是人类社会使用最频繁的交际工具之一，这就使英语口语教学在整个英语教学体系中占据着十分重要的地位。培养、提高学生的英语口语表达能力与交际技能是英语口语教学的宗旨，因此语音训练、词汇和语法、会话技巧、交际策略等是英语口语教学的主要内容。

1. 语音训练

英语口语训练应以英语语音为前提，帮助学生掌握正确语音、语调是语音训练的首要目标，具体涉及意群、停顿、弱读、重读、连读、音节等。如果没有掌握规范的发音，不仅难以表达自己的观点，也会为对方带来理解障碍。

2. 词汇

语言能力的培养是交际能力培养中至关重要的一环，而词汇则是使交际得以进行的语言能力的核心。口语表达是一种创造性技能，在合乎交际礼仪的交流框架构建起来后，整个交流的空间就有赖于词语作为文化和思想的载体来填充。在英语教学中，许多学生对单词的所谓“掌握”只是一般性地识记中文释义和会拼写，却不能脱口而出地使用词语造出句子。也就是说，语言交际框架的最基础阶段和层次的问题没有得到解决，这种情况下学生的口头表达能力也很难得到提高。

因此，学生口语能力差的最根本原因之一是词汇掌握程度差。从这个意义上说，口语教学的内容离不开词汇教学，并且词汇教学应该交际

化。要实现词汇教学的交际化，口语教学需从语音，从单词的音、形、义的练习以及词的搭配、造句入手，增加学生的积极词汇，这是提高学生口语能力的有效途径，也是提高学生口语能力的前提和关键。

3．语法

语法是语言运用的基本法则，是词汇组成句子的重要规则，要想实现沟通的目的，必须构建出符合语法规则的句子，只有句子符合语法规则才可以被听者理解。所以，语法也是高职院校英语口语教学的重要内容。语法教学交际化包括以下几个方面。

①训练学生听懂特定的口语句型。

②训练学生熟练地使用语法句型表达自己的思想。

③向学生讲授口语句型的特点，并对此进行专项训练。

有的教师和学生把词汇教学、语法教学与口语教学对立起来，这是口语教学中的一个严重认识误区。事实上，词汇和语法都对学生的口语技能起着至关重要的作用。词汇是表达的基础，语法是表达的规范，离开词汇和语法，英语口语也就无法表达。

4．会话技巧

为了能够使用英语得体地进行语言交际活动，学生在学习英语口语时必须学习、掌握一些会话技巧。话语转换技巧对会话的成功起着至关重要的作用。对于本族语者而言，话语转换很容易而且很自然就可学会，但是对于二语学生而言并非易事。无论是第一语言的口语学习还是第二语言的口语学习，都必须学习关于交际的知识和互动的技能。

5．交际策略

所谓交际策略，是指当某语言使用者在话语计划阶段由于自身语言方面的不足而无法表达其想要表达思想时所采取的策略。在交际过程中，为克服因语言能力不足而导致的交际困难，交际者使用语言或非语言手段的能力即为交际策略能力。交际策略也是口语教学的重要内容。

口语交际活动往往不可预测，因此交际过程中遇到尴尬局面是难免的，这就要求交际者具备一定的交际策略能力，以便在需要时借助交际策略来解决遇到的困难，促使交际的顺利进行。策略能力包括两个方面：一是发生困难时使对方理解自己讲话内容的能力，这一能力被称为“补偿能力”；二是在发生理解困难时获取意义的能力，这一能力被称为“协商能力”。

一般来说，补偿能力主要包括：第一，使用会话填补词。在交际过程中，有时交际者可能会一时想不出要使用的语言，这时可以适当用一些填补词，一边说一边思考，控制说话节奏，确保讲话连贯。第二，使用同义词或类别词。在交际过程中，如果交际者缺乏关于某一话题的词汇，可以采用自己熟悉的同义词来代替。第三，使用肢体语言。在交际过程中，交际者也可以适当借助肢体语言来表达自己的观点与看法，保证交际的顺利进行。协商能力包括澄清信号。在交际过程中，如果听话人没有完全理解讲话人的语言，或没能听清讲话人的意思，这时听话人可请求重复，或直接要求讲话人加以解释。通过运用这一交际策略，交际者可以将自己的意思清晰地传达出来，从而使交际顺利开展。

6. 文化知识

有效的交际不仅需要学生准确地表达语言，还需要学生得体地表达语言，所以学生除了要掌握扎实的语言知识外，还要具备一定的文化知识，只有这样学生在口语交际过程中才能使语言表达符合相应的文化氛围和语言环境。对此，文化知识也是高职院校英语口语教学中不可或缺的内容。

（二）高职院校英语口语教学的原则

高职院校英语口语教学的开展不仅要依据明确的教学内容和目标，还要根据学生的具体情况遵循相应的教学原则，这样才能使口语教学更加有效和有序地进行。具体来讲，高职院校英语口语教学可遵循以下几项原则。

1. 循序渐进原则

口语教学应遵循循序渐进原则，层层深入、由易到难、循序渐进地展开。例如，我国大学生通常来自全国各地，很多学生的英语口语表达都会或多或少受到方言的影响。对此，教师首先应仔细分析学生的语音特点与发音困难，进而为纠正学生发音提出建议，使学生按照由易到难的顺序，从语音、语调、句子、语段等层面逐渐提高口语水平。

2. 先听后说原则

听与说是一个问题的两个方面，二者之间是相辅相成的关系。在具体的口语交际过程中，只有首先听懂对方的话语，才能据此进行回应，使交际顺利进行下去。因此，口语教学要坚持先听后说的原则。具体来说，在口语教学过程中，学生通常先通过听来进行词汇量与语言信息的积累。当这种积累达到一定程度时，学生的表达欲望就会逐渐被调动起来，尝试着进行口语表达，进而实现真正意义上的口语交际。

3. 互动原则

口语练习是一件很枯燥的事情，长期的枯燥练习很容易使学生失去对英语学习的兴趣。因此，教师在口语教学中应坚持互动性原则，使口语训练充满互动性，使学生能够在互动练习中不断保持兴趣，逐渐提高口语表达技能。

“动”是互动性原则的核心。如果教师采取传统的口语教学模式，在课堂上仍以提问、回答为主要方式，那么学生对口语表达的参与是被动的，这会影响学生口语能力的提升。因此，教师为学生设计的话题应能够使学生之间进行有效的互动练习。

4. 课内外结合原则

课堂教学是学生学习口语的主要途径，但是课堂时间毕竟有限，因此，教师应当充分利用课余时间，将课堂教学与课外教学有机结合。以课堂教学为基础，同时，辅以相应的课外活动，既能让学生对课堂知识进行及时的复习与巩固，还可使他们充分利用课外活动的机会来对知识予以运用，加快从知识到技能的转化过程。此外，课外活动有课堂教学不具备的优点，如气氛轻松，学生压力小，教师也能更加及时地对学生进行指导。

5. 鼓励性原则

学生在英语学习尤其是口语练习中很容易出现焦虑情绪，此时教师应当多鼓励学生，对其多多表扬，树立其口语表达的自信心。著名学者纽南认为，鼓励学生并使他们大胆说英语是口语教学中一项很重要的原则，因此，教师应为学生创设更多有意义的语境。在这样的语境下，学生不会担心受到嘲笑，从而能更好地进行口语练习。针对一些口语基础较差的学生，教师可考虑采取“脚架式”教学方法，使教学策略与学生的状况相一致。

6. 生活化原则

教师在为学生设计口语课堂上的任务时，应遵循生活化原则，使其尽量与学生的日常生活、学习相贴近，以此来更好地调动学生的积极性，使他们对话题不陌生、有兴趣，进而乐于开口、勇于开口。具体来说，教师可从三个方面入手：第一，应努力提高话题、主题的趣味性；第二，应对学生的愿望与实际需求进行深度挖掘；第三，应将教学内容与学生感兴趣的话题有机结合在一起。

7. 科学纠错原则

在口语学习的过程中，学生难免会出现各种错误，有些教师一旦发现学生表达有误，就匆忙打断学生，这种有错必纠的方式是不科学的，不仅会打乱学生思路，还会挫伤学生的自信心，使学生失去说的勇气。教师应采用科学的纠错方式，即在学生说完之后，对学生的不同错误根据不同的性质和场合分别处理，这样一方面可以让学生认识到自己的错误并加以改正，另一方面还能避免挫伤学生的积极性。

（三）高职院校英语口语教学的方法

1. 情境教学法

情境教学法是指在英语口语教学过程中，教师有目的地创设、引入以形象为主体、具有一定情绪色彩的具体场景，从而提高学生的口语能力与文化意识的教学方法。角色表演是情境教学法的重要表现形式。采取角色扮演的方法一方面符合学生爱表演的特质，能调动他们的学习兴趣；另一方面能为学生接触不同文化背景创造条件，使他们在口语交际练习过程中体会不同的角色身份，切实提高口语交际能力。具体来说，教师可以通过以下几个步骤进行：

（1）根据学生的不同特点对他们进行分组，并为他们分配适当的角色。当然，教师也可以让学生自行分组，自己安排角色，这可以更好地锻炼学生的协调能力。

（2）组织学生进行角色扮演，在此过程中教师原则上不进行干预，但如果学生有困难或有需要，可进行适当指导。

（3）寻找适当机会，安排学生进行表演。

（4）表演结束后，进行学生自评和同伴评价，让学生对自己的表演有一个初步的评价印象。

（5）教师从表演技巧、语言运用等方面对学生进行点评，指出存在的问题，给出建设性意见。

2. 配音教学法

配音是一种很好的锻炼学生的口语表达能力的活动，因此，在口语教学中也被广泛使用。在配音练习中，教师可以选取一部电影的片段，首先让学生听一遍原声对白，在听的过程中教师可以适时讲解其中一些比较难的语言点；然后让学生再听两遍原声并要求他们尽量记住台词；最后，教师将电影调成无声，安排学生进行模仿配音。

教师在选择需要配音的电影时，要注意以下几个问题：

（1）电影的语言信息含量要丰富。有些电影尤其是动作片，虽然很好看，也很受学生欢迎，但其并不适合配音，因为这类电影往往语言信息较少。

（2）语言发音要清晰，语速要适当，这样容易被学生学习和模仿。有些电影虽然很优秀，但是角色说话语速过快，对英语水平要求较高，学生在配音时很难跟上话语节奏，这就很容易打击他们的积极性。因此，教师在选择影片时要充分考虑学生的英语水平，尽量选择情节简单、发音清晰的影片。

（3）电影应当配有英语字幕，有中英双字幕更好。如果没有字幕，教师可以要求学生提前将台词背下来，如果学生对电影情节比较熟悉，可以不背。

（4）影片内容要尽量贴近生活。由于影片内容和语言大多和人们的真实生活很贴近，因此，配起音来相对容易，且能让学生真正体会到学习英语的实用意义，从而激发其学习英语的积极性。

3. 任务型教学法

在口语教学中采用任务型教学法，可有效调动学生学习的动力和积极性，培养学生的合作竞争意识，进而培养学生的口语交际能力。一般任务型教学法包含以下三个实施步骤。

（1）任务前

这一阶段的主要任务是让学生做一些准备工作，如语言上的准备、知识上的准备，也可以就话题做准备。呈现任务时，教师可结合学生的实际生活和学习经验，创设与学生学习或生活相关的情景，激发学生的学习兴趣。教师还要为学生提供与话题有关的环境及思路，以加强新旧知识之间的连接，激发学生说的欲望，使学生对新课的学习充满期望。另外，在呈现任务时，要遵循先输入、后输出的原则。实际上这一阶段是为下一阶段的练习做准备的。

（2）任务中

在任务准备完成之后，就要开始实施任务。学生在接受任务之后，就可以采用不同的方式实施任务，如可以采用结对子、小组自由组合等方式，也可以由教师设计许多小任务构成任务链等。在这一过程中，学生会根据任务主动收集资料，学习口语知识，积累口语语料，锻炼口语能力。教师则对学生起指导和监督的作用，确保学生的活动有序进行。

（3）任务后

在完成任务之后，每个小组派出一名代表向全班汇报自己小组任务的完成情况。在各个小组完成汇报之后，教师要对学生的完成情况予以评价，指出每个小组的优点和不足。

4. 探究教学法

探究教学法的关键在于“探究”，这里的探究主要是由师生合作完成的。具体来说，教师利用现代教育手段与媒介，综合多种教学资源，以学生为中心，通过以学生的自主学习、自我探索和自我研究为主的方式，最终完成语言知识和口语技能的习得。下面对探究教学法的特点和实施步骤进行详细介绍。

(1) 探究教学法的特点

探究教学法与传统的教学法相比，体现出一定的优势和特点。

①开放性。开放性是探究教学法的显著特点之一，主要体现在教学内容、教学组织形式和教学管理三个方面。首先，在教学内容上，探究教学的内容以教材为基础，但并不受教材的制约与束缚，其涉及的内容要比教材内容广泛得多。这是因为探究教学往往针对某一主题进行深层次的考究，无形之中就会涉及多领域、多学科的内容。其次，在教学组织形式上，探究教学常常在学生与学生之间或学生与教师之间的交流、协商、讨论中展开，这种教学活动组织形式与传统的教学方法相比，具有明显的开放性。最后，在教学管理上，探究教学以学生的自主探究为主要的学习方式，教师起着监督与指导的作用。

②合作性。合作性是探究教学法的另一个显著特征。这里的合作主要是指教师和学生间的合作。具体来说，口语教学是依靠学生的自主探究来完成知识的学习和技能的掌握，但仅仅依靠个人能力是不现实的，还离不开教师的监督与指导以及同伴间的合作学习。此外，每位学生的学习技巧、学习方法、学习能力等都是存在差异的，也是可以进行互补的，因此，要拓宽研究内容的广度与深度，就必须加强合作，增进互补性。

③实践性。高职院校英语口语探究教学的实践性是由高职院校英语教学的目标决定的。当今社会对英语人才提出了较高的要求，不仅要具备扎实的语言知识和技能，还要具备熟练的英语运用能力。探究教学为学生提供了充足的思考和使用英语的机会，能够帮助学生切实提高口语

表达能力。

（2）探究教学法的步骤

在高职院校英语口语教学中，探究教学法大致包括五个步骤：

①确立探究问题。确立探究问题是探究教学法的第一步。旧问题解决后，有时会产生新的问题，因此，探究教学是一个循环往复的过程。口语教学实践中会产生多种问题，但是探究问题的选择和确立需要考虑多方面的因素。一方面，有些问题产生的原因简单，很容易解决，因此不必探究。另一方面，有些问题用其他方法讲解会更加浅显易懂，因此适用于探究教学法。所以，教师在确立探究问题时要进行深入的分析和精心的选择：首先，务必要考虑课程内容和先前教学中的知识积累。探究问题要在整个教学知识结构中起到承上启下的作用。此外，问题的深度与广度要符合维果茨基的最近发展区原则，即通过自我探究和教师的指导能够解决问题。其次，要考虑问题的创设情景，以教材内容为基础，创设出能够自然导出问题的情景。最后，还要考虑学生的学习兴趣与学习动机，用新颖的方式提出问题。

②收集数据。高职院校英语口语探究教学法中数据的收集指的是与语言有关的语料，以及与文化、语言使用有关的策略的收集。这一环节的实施需要教师严格监控，并给予学生收集内容、方向与来源方面的指导和建议。这样才能起到事半功倍的效果，否则就会浪费时间和精力。

③分析解释。分析解释是探究教学法的第三个步骤，这一环节对下一环节的讨论交流有重要的影响。对收集的数据进行分析，主要围绕语义和语用两个方面进行思考，对特定的交际情景和交际目的中所涉及的词汇、语法、句式、文化、交际策略等方面的因素在交际中的功能做出解释和总结。

④讨论交流。讨论交流贯穿于高职院校英语口语教学的始终，体现在课内与课外的各种交际活动中。在探究教学法中，学生完成课外探究之后，结合所得在课堂上与同伴就老师所给的探究材料进行有目的的交流讨论。同时，做好记录。

⑤展示评价反思。展示评价反思是探究教学法最后一个环节，也是不容忽视的一个环节。这一环节需要注意两个方面：一是学生的展示行为是否规范，二是教师的点评内容与评价方式是否得当。

5. 影视教学法

当代大学生的文化生活丰富多彩，学习渠道也多种多样，其中，欣赏原版影视就是学习英语和训练口语的有效方式。原版电影通常具有强烈的视觉冲击力，文化性与故事性强，能够大大降低学生的学习焦虑，并从视、听、说等方面将学生的积极性与注意力调动起来，提高其认知能力与理解能力，达到寓教于乐、陶冶情操、拓展思维的效果。因此，教师可以采用影视教学法，充分发挥原版影视在提高学生的英语口语能力方面的作用。一般来说，将影视教学法应用于英语口语教学中可从以下几个方面入手：

（1）选择合适的影视资料。教师应将不同的教学目标、学生的现有英语水平以及影视资料的难度等作为主要依据，保证所选择的影视资料既有利于教学目标的实现，又与学生的英语水平相适应；既不会过于简单，又不会难度太大。此外，影视资料的内容最好能体现英语国家的文化，这样可以帮助学生拓宽文化视野，一举两得。

（2）在课前，教师应对影视资料进行适当剪辑，并据此设计相应的口语练习。如果选用电影中的情景进行教学，可将几分钟的资料剪辑出来，并采取以下教学步骤：

第一步，向学生介绍影视资料的主题。

第二步，向学生介绍影视资料的主要情景。

第三步，为学生介绍活动中可能用到的动词。

第四步，将学生分成两人一组，安排一人担任观看者，另一人担任倾听者。

第五步，为学生讲解任务要求。具体来说，观看者只负责观看，应放下耳机或塞住耳朵，及时记下与所看到的动作相对应的动词，并对面部表情、手势、体势等非言语信息和情景给予特别关注。倾听者则需背对屏幕，只靠耳朵来捕捉信息，并及时记录一些关键词。

第六步，为学生播放影视资料，可多播放几次，以保证学生尽自己最大努力来完成任务。

第七步，安排学生在组内互相交流获得的信息，即由倾听者表述自己听到的信息，由观看者表演自己看到的动作。

第八步，由各组轮流为大家表演。

第九步，再次播放影视资料，全体同学可以同时听和看。

第十步，教师对影视资料进行讲解，对同学的表现进行点评、分析与指导。

6. 文化植入法

（1）文化植入的概念

“植入”最初是医学用词，后被广泛地应用于非医学方面，其中，用得最多的概念是“植入式广告”。目前，我们在很多影视剧和综艺节目中都能看到植入式广告。简单来说，植入式广告就是为了达到营销目的，将产品及其服务的视听品牌符号融入影视或舞台产品中，从而给观众留下深刻的印象。

在英语口语教学中，文化植入与广告植入的理念类似。具体来说，如果让人们直接看广告，即使广告再精彩，看多了也会厌烦。文化学习也是如此，如果只是生硬地开设文化课，学生会因为文化内容的博大精深而退却，从而失去学习的兴趣和动力。如果在英语教学中植入文化，那么就能对学生产生潜移默化的作用，从而加深他们对文化的印象，同时，产生文化学习的兴趣，最终提高口语学习的效果。

（2）文化植入的原则

在选择文化植入的内容时，要遵循一定的原则，具体来说主要有以下几个。

①在精不在多原则。在口语教学中，教师在进行文化植入时，要注意找到一个恰当的“切入点”。因为文化知识背景复杂、内容繁多，通过“切入点”的“植入”，可以激发学生对于相关文化内容的兴趣和关

注，也有助于学生对口语进行学习和操练。一旦打开文化世界的大门，学生就会自己主动学习。

②适当原则。植入的时候并不是无原则地随意植入，要植入的内容应当符合学生的兴趣爱好，并且能深入浅出，切实帮助学生提高口语水平。教师首先要充分了解学生的兴趣所在，并找到学生感兴趣的文化内容。其次，要在深入了解植入内容的基础上，尽量通过直观、简易的方式呈现出来。总之，所植入的文化内容难度要适宜，既不能太肤浅，也不能太深入，否则文化植入不仅不能帮助学生进行口语学习，反而会成为学生学习过程中的阻碍，严重的甚至会削弱学生的学习兴趣。

③服务于口语教学原则。文化植入的一切内容都要围绕口语教学进行，并与主题紧密相关。这是因为文化植入的最终目的是帮助学生更好地应用口语，掌握口语课的教学内容，所以，文化植入的内容一定要凸显其服务功能。

（3）文化植入的方式

文化植入并不是生硬地插入文化知识，否则和一般的文化课程就无异了，因此，教师在教学中要采用合适的植入方式，将文化内容很自然地融入教学中，使其服务于口语教学，这里要注意不能喧宾夺主，而是要起到潜移默化的作用。具体来说，文化植入的方式主要有以下两种。

①直接呈现。直接呈现是指教师选择一些与教学内容密切相关的文化主题，然后在课堂上将其直接呈现给学生，引导学生理解这些文化主题。教师在呈现时，可以通过一定的手段将其融入教学内容，如借助多媒体教学设备进行呈现。例如，在学习有关建筑物的口语课堂上，有很多有关建筑的描述和表达方式需要进行呈现和练习。此时，教师可以利用多媒体设备，将不同建筑的时代背景、风格特点等展示给学生，同时，融入教学要求掌握的一些表达方式。这些内容能引导学生了解学习内容，并使用所学内容进行操练。通过呈现，学生在其表达练习中会更有针对性，也更容易加深印象、掌握知识。

②间接呈现。间接呈现是指口语教学应根据教学要求和学生实际情

况，灵活设计一些小活动，如游戏、竞赛等，并将文化内容有效植入这些活动中。例如，在有关商务用餐的口语表达学习中，教师要植入“酒文化”。学生经过前期学习，对酒文化有一定了解，教师可以组织“抢答竞赛”的小活动。具体来说，教师可以设计一些实用又有趣的英语选择题供学生抢答，每题结束后再结合直接呈现方式，通过图片、视频等向学生介绍该题所包含的文化内涵。这样，学生在互动中既锻炼了自身的口语能力，同时也拓宽了知识面。

7. 文化渗透法

由于每种语言都处于不同的文化背景中，因此，需要结合文化来理解语言的具体含义。教师在口语教学中可以采用文化渗透法，即通过总结归纳相关的文化信息，提高学生的英语口语表达能力。具体来说，教师可以采取以下几种方式进行。

（1）交流学习法

学生经过几年的英语学习，一般已经有了一定的英语基础，有的也有一些跨文化交际的经历。因此，教师可以充分利用学生的这些特点，开展课堂交流，通过交流促进学习。

（2）文化对比法

在口语教学中，教师可以通过对比英语文化与母语文化，帮助学生了解不同文化的差异，培养跨文化意识。教师可以首先向学生传授有关不同文化的各种差异，然后指出学生在交流中容易犯的错误，并表明这些错误正是由于不注意不同文化差异造成的。在反复对比和介绍中，学生就能掌握英语和汉语的差异，并在以后的交流中多加注意。此外，学生通过了解不同文化的差异，还能更加尊重不同文化的风俗与习惯，并形成正确处理语言与文化关系的能力。总之，文化对比法是一种行之有效的口语教学方法。

（3）教师引导法

教师在口语教学以及与学生的交流中，应当时刻注意进行有效的引导，特别是在学生产生交际障碍时，应及时进行启发性的引导。这样既充分尊重了学生的主体性地位，又对学生进行了文化知识的熏陶，激发了其学习和运用语言的积极性。

8. 课外活动法

我国高职院校英语口语教学无论在教学时间、教学方法以及教学过程等方面都存在很多问题，都难以有效培养学生的交际能力。因此，对课堂起着有效补充和辅助作用的课外活动就成了学生提高交际能力的重要途径和方式。为了弥补课堂教学的不足，教师应引导学生多利用课外活动时间，给学生创造更多了解英语文化、培养跨文化交际能力的机会。具体来说，教师可指导学生通过以下方式来丰富语言文化知识，提高跨文化交际能力。

(1) 教师可以组织学生举办外国影视欣赏会，让学生更多地了解英语国家的生活、工作、学习以及交友等方面的情况，使学生切身感受英语文化，并接触地道的英语表达。

(2) 教师可以在课余时间定期或不定期地邀请学校的外籍教师或留学归来的教师组织一些英语文化知识讲座，如关于习俗方面的、思维方面的等。这样可以使学生集中、有针对性地学习英语文化知识，而且还能提高学生的学习积极性。

(3) 教师可以组织学生进行英语知识竞赛、英语演讲等活动，以促使学生将平时所学习的语言运用于实践。这样不仅可以激发学生的积极性，还可以有效巩固学生的英语知识，提高学生的表达能力。

9. 移动技术教学法

在生活方面，移动通信技术为人们提供了一种丰富、生动且不受时空限制的信息交流方式；在学习方面，移动通信技术在提高学习效率、丰富学习交互、扩展学习时间等方面的优势也逐渐显现。因此，越来越多的学者开始关注如何将移动技术与高职院校英语教学，特别是口语教学进行有机结合，并从多个角度对这种新的教学方法进行界定。黄荣怀教授采取了“移动学习”这个提法，并将其定义为“学习者在非固定和非预先设定的位置上发生的学习，或有效利用移动技术所发生的学习”。

在高职院校英语口语教学中采取移动技术教学法可以为学生的口语练习提供全方位支持，增加学生与英语的接触机会，并实现课内与课外的相互连接。移动技术支持的高职院校英语口语教学的具体流程如下。

（1）课前自学

在课前，教师对本单元的文化语境、相关知识点进行综合分析，据此制作成长度适中的音频或视频短片，并且传递给学生。学生通过移动设备收到音频或视频文件后，可根据自己的实际情况选择适当的时间、地点进行自主学习。在这一过程中，学生应完成相应的选择题或录音形式的口语作答，这有利于教师了解他们的学习情况。此外，课前的活动还能引导学生激活已有的背景知识，并事先进行充分的口语练习，有效降低焦虑、自卑、害羞等带来的影响。

（2）教师讲解

在课前自学阶段，学生已经对相关内容进行了自主学习，对知识点已有所熟悉，因此，教师的讲解主要集中在一些重要的词汇、句式与语法项目上，讲解过程也不会像传统课堂那样枯燥。教师可在讲解过程中再次为学生播放音频或视频资料，从而使学生将所讲知识与语言材料结合起来进行理解。一般来说，教师可采取以下三个步骤：教师先讲，学生后练；教师先做示范，学生及时领会；教师提问，学生回答。在这三个步骤中，学生可以进行大量的口语训练，从而深化对材料的认知程度。

（3）课堂互动

课堂互动的形式灵活多样，可采取生生互动、师生互动等形式，旨在引导学生在具体语境中对语言进行灵活运用。需要注意的是，教师在设计互动活动时应坚持由易到难、由浅入深的原则，将机械性练习与灵活性练习、创造性练习与半机械性练习、高难度练习与可接受性练习相结合。课堂互动能创造愉快、轻松的学习氛围，为每位学生提供参与的机会，有效弥补大班上课的缺点，使一些害怕开口的学生也敢于进行英语交流。需要特别说明的是，学生在参与互动活动的过程中可以随时通过移动设备来查找相关信息，使移动技术真正成为口语教学的得力助手。

（4）课后的移动式合作学习

课堂教学时间是有限的，只能引导学生对新知识进行初级的认知与练习。要想在真实情境中对语言进行更深层次的运用，则必须依靠课后的时间。教师可以以本单元的主要内容与知识点为依据，为学生安排开放式的真实任务，以此来引导学生通过合作的方式进行口语交际，使他们在探索语言运用方式的过程中扩展新知，并在发现问题、分析问题、解决问题的过程中培养创新思维。

为保证每位学生可以顺利完成任务并在任务的完成过程中有所收获，教师可以以学生的课堂表现为依据来进行分组。具体来说，教师可用短信的方式来通知学生分组情况与具体任务，使他们的合作学习得以顺利开展。学生在完成任务时可充分利用移动技术进行沟通，使生生之间、师生之间保持信息的通畅。学生可将自己的任务上传给教师，教师可在阅览后及时回复并给出适当建议。

（四）高职院校英语口语教学中中华传统文化渗透的途径

很多学者从文化背景这个角度出发去研究高职院校英语口语教学，但大多数只将关注点放在目的语文化在高职院校英语口语教学中的渗透上，有关母语文化对英语口语教学影响的研究，尤其是行动研究少之又少。母语文化意识在运用得当的基础上，不仅不会成为外语学习的障碍，而且能够帮助学生过滤鉴别外界摄入的信息，自如地使用目标语来解决问题，进而达到提高口语水平的目的。具体可以通过以下途径在高职院校英语教学中渗透中国传统文化。

1. 创设与中华文化相关口语交际的场景，为学生搭建口语表达的实践平台

高职院校英语教材上有关口语教学的内容大部分与学生的实际生活相差甚远，教师要结合学生的实际生活，在口语课上加入一些中华文化的因素，为学生设计与其实际生活密切相关的场景，促进学生用英语表

达自己熟悉的事物。这样学生才会无所顾忌地开口讲英语，在轻松愉快的氛围中感受英语语言知识的真正意义。学生只有主动说英语，才能说好英语。

2. 向学生补充有关中华文化的词汇或句子

课堂中，适当补充与中华文化相关的英文表达，引导学生用目标语去谈论他们的母语文化。教师可以有意识地拓宽他们的视野，在面对课本上出现的语言点时，不要一味地讲，而是想方设法为语言点创设相关的中华文化情境。学生在日常生活中能时刻想起所学的英语知识点，激发学生英语口语学习的积极性。

3. 进行文化对比

采用文化对比就是在高职院校英语口语教学中将不同的文化进行对比，让学生对不同文化系统下的行为规约、文化规约进行理解和掌握。

4. 完善测试内容，在口语测试中适当加入中华文化的知识

在各种英语测试中增加有关中华文化的题目，可以有效激发教师在英语教学中传授以及学生在英语学习中学习中国传统文化的动力，强化我国的素质教育。在英语测试中，教师可以加入一些与我国传统节日相关的阅读理解，或者在考试中让学生就中华文化中的某些礼仪去写一篇作文。也可以在日常口语小测试中，让学生用英语去表达自己所熟悉的一些中国传统文化知识，如让学生结合自己的实际生活来表达自己和家人是如何度过中国传统节日——春节的。

第三节 文化与英语阅读教学的融合与渗透

经济的全球化促使不同文化下的人们进行着频繁的交流，进而逐步实现文化的全球化。英语阅读属于跨文化交际的一种非常重要的形式，因而中国传统文化视角对高职院校英语阅读教学进行探讨就有着很强的实践意义。同时，培养大学生的跨文化意识和能力不仅是时代的迫切需要，而且能很好地顺应经济发展对人才素质的要求。

一、高职院校英语阅读教学的内容

培养、提高学生的各种阅读技能是英语阅读教学的主要内容，具体涉及以下一些技能。

1. 能够辨认单词。
2. 能够猜测陌生词汇、短语的含义。
3. 具备跳读技巧。
4. 能够理解句子内部与句子之间的关系。
5. 对文章的主要信息或观点能进行准确梳理与把握。
6. 能够对句子及言语的交际意义进行理解。
7. 能够对文章的主要信息进行总结概括。
8. 能够对语篇的指示词语进行辨认。
9. 能够对文中的信息进行图表化理解与处理。
10. 能够理解衔接词进而理解文字各部分之间的意义关系。
11. 能够把握细节与主题。
12. 具备基本的推理技巧。

当代高职院校英语阅读教学主要包含以下内容。

(一) 背景图式

背景图式是指文章内容所涉及的人物、背景、话题等，这些信息会对学生的阅读产生影响，因此在当代高职院校英语阅读教学中，背景图式的训练是极其重要的。

例如，对 Vienna is the centre of European classical music 进行阅读教学之前，需要让学生对多瑙河、维也纳、现代音乐、古典音乐等有一个基本的了解，如果之前学生对这些信息并不了解，那么他们只能从字面意义上来理解整个文章信息，也就不能深层次地探究其所蕴含的文化意义。

这些信息并不是单单依靠教师这一途径，还需要学生利用网络资料对相关信息进行检索，并同其他学生进行分享，这样不仅有利于学生自身的发展，还能调动学生阅读学习的积极性和主动性，激发自己的学习兴趣，促进自身良好阅读效果的实现。

（二）辨识单词

单词是语言的基本构成成分，是组句成篇的基础，学生要想读懂一篇文章，首先要能辨识出这些单词。然而，由于英语单词有曲折变化，名词有单复数之分，动词有时态区分，形容词还有级别的不同，这些语法现象在词形上都有直观的体现，经常会影响学生对单词的辨识程度。因此，高职院校英语阅读教学中，教师应该提高学生对单词的辨识能力，尽可能减少阅读障碍。

（三）猜测词义

在阅读过程中，学生难免会遇到一些生词，这时候只靠查字典是不行的，因为查阅词典会影响学生对文章的理解。这时教师应该教授学生根据上下文语境来猜测词义，从而克服阅读障碍，提高自己的阅读速度。

（四）理清文章的逻辑关系

每一篇英文文章都具有一定的逻辑关系，这种逻辑关系不仅保证了语篇的连贯程度，更表达了作者对每部分内容的观点态度，因此识别衔接词，理解逻辑关系十分重要。在教授这部分内容时，教师可以对这些衔接词加以总结，一起呈现给学生。

（五）理解句子的交际意义

要想对一篇文章有一个正确的理解，弄清句子也是必要的。要想做到这一点，仅仅依靠字面意义是不够的，有时候字面意义也是错误的，需要理解句子的交际意义，探究和分析出句子所要陈述的实际意图。

（六）辨识指示代词

指示代词的使用能够将一些结构上看起来相互独立的句子连接起来，从而产生逻辑、连贯的语义。对这些指示代词的理解同样是阅读理解的关键。因此，在阅读教学中，教师要教会学生如何利用指示代词来理清文章的逻辑、层次，否则学生很可能无法理解文章，甚至误解文章。

（七）把握语篇主要信息与观点

文章的主要信息和观点是文章的主题，是写作者所要展现的整篇文章的灵魂和重点。因此，要想理解一篇文章，理解其主旨思想是必需的。如果主旨思想、主要信息的理解出现偏差，那么就会导致对整篇文章的误解。可见，在当代高职院校英语阅读教学中，教师还需要引导学生把握主旨，明确作者的写作意图。

（八）从细节、推展中理解主题

一篇合格的文章中，每个细节、每段论述都必然是围绕主题开展的，没有一丝一毫背离主题的信息。因此，学生在阅读文章时，教师要引导学生注意每一个细节，要善于以小见大，另外还要注意整篇文章的推展过程，分析文章是怎样一步一步突出主题的，这对学生深刻理解主题有很大的帮助，也是英语阅读教学的一项重要内容。

（九）信息图表化

阅读材料中包含很多复杂的信息，但有时也包含一定的归属类别，或者彼此之间存在着某些关系，如果不对这些归属类别或关系梳理清晰，那么就很容易在阅读中遗忘。因此，在高职院校英语阅读教学中，教师应该引导学生将材料中的同类信息进行归纳，形成一个图表；或者用箭头、线条的形式将相关信息加以串联，表明关系，形成一个信息图。这些对于学生理清思路、获取重点信息十分有利。

（十）培养推理技巧

很多时候学生所需的信息并不能从文章字面意思上看出，此时就需要进行推理判断。需要注意的是，推理判断不能脱离原文主观臆断，而必须以原文为基础，从文章提供的各个信息出发，对文章进行逐层分析，最后准确推断出想要获得的信息。这样的推理判断才是真实的、可靠的。

（十一）培养阅读技巧

阅读技巧是影响学生阅读速度的一个重要因素。而且阅读技巧常常与阅读目的相关，如果阅读目的是对文章大意的了解，那么学生就可以采用略读的形式，快速浏览全文，不必浪费大量的时间在每一个单词的理解上。如果阅读目的是对文章某一细节的了解，那么学生就可以采用跳读的形式，将无关的信息省略掉，直接跳到与这一细节相关的信息上。这样的阅读不仅节省了时间，还提升了学生的阅读速度。因此，在高职院校英语阅读教学中，教师要注意对学生阅读技巧的培养。

二、高职院校英语阅读教学的原则

（一）因材施教原则

在教学过程中遵循因材施教原则，就是指教师要根据学生的个体差异，采用不同的教学方式和方法，力争使每个学生都能相应地发展阅读技能。例如，有些学生基础较好，有着浓厚的学习兴趣，基本的阅读根本不能满足他们的阅读欲望，针对这样的学生，教师可布置一些具有挑战性的阅读任务，或向其推荐一些名著等。而有的学生阅读基础较差，由于自己较差的成绩而失去信心，自暴自弃，对于这样的学生，教师应在教学过程中不断鼓励和表扬他们，以使他们重新建立信心，同时给他们布置一些难度较小的阅读任务，然后逐步增加难度，使他们不断进步。总而言之，教师要关注每位学生的特点，并根据学生的特点采用不同的教学方法和手段，以显著提高教学效果。

（二）激发兴趣原则

兴趣是最好的老师，无论是何种学习，抓住学生的学习兴趣才能达到最好的效果。就阅读教学来说，学生对阅读是否产生浓厚的兴趣是教学成败的关键。有了兴趣，学生才能产生积极、主动、热烈的学习热情。因此，教师要注意教学内容的适当变换和教学形式以及手段的多样化，尽量避免教学活动的枯燥乏味，从而激发学生的阅读热情和兴趣，使阅读教学经常保持新鲜感，使学生学会阅读，乐于阅读，变被动阅读为主动阅读，不断提高阅读水平。

（三）循序渐进原则

学生阅读水平的提高是一个循序渐进的过程，不可能一蹴而就。而阅读教学目标的达成是一个合理总体规划和长远规划的过程，也不可能立马达成。因此，在教学的过程中，教师应遵循这一原则，对阅读材料的选择、阅读方法的选择、任务的完成等进行细致周密的考虑，并引导学生寻求最适合自己的学习方法，扎扎实实地学习，最终完成阅读任务，提高阅读水平。

（四）真实性原则

阅读教学要遵循真实性原则。概括来说，阅读教学的真实性包括以下两方面的含义。

1. 阅读材料的真实性

所谓阅读材料的真实性，是指教师所选择的阅读材料最好是和学生的日常生活相关的，最好是学生喜闻乐见的文本材料。另外，材料所使用的语言应符合学生的语言水平。不同的阅读材料既可以用来专门训练学生的某一项或某几项阅读技能，也可以用来训练学生的综合阅读技能。

2. 阅读目的的真实性

所谓阅读目的的真实性，是指教师应根据教学目的设计阅读教学活动，选择合适的教学方法，设计有针对性的练习。人们阅读可能是为了获取信息或者验证自己已有的知识，可能是为了批评作者的思想或者写作的风格，也可能单纯为了消遣或者打发时间。不同的阅读目的就需要不同的阅读教学方法和练习设计。不同的阅读材料可以用来专门训练学生的某一项或几项阅读技能，也可以用来训练学生的综合阅读能力。教师必须通过差异化的教学方法和练习帮助学生完成各自的阅读目标。

总的来说，真实性原则要求教师根据实际情况，通过差异化的教学方法和练习，帮助学生完成各自的阅读目标，从而提升教学效果。

(五)层层设问原则

层层设问原则，顾名思义就是指教师在阅读教学中提出的问题应该具有层次性，一环扣一环，按照一定的梯度，逐步揭示文章的主题。设置的问题应从简单到复杂，层次分明，使学生在简单问题的回答中获得自信，从而更加愿意开动脑筋、积极思考之后的问题，在不知不觉中提高自己的阅读理解能力。

(六)综合性原则

综合性原则要求阅读教学必须做到课堂教学与课外教学相结合，精读与泛读相结合，阅读量与阅读能力共同提高。就国内英语阅读教学现状而言，普遍存在重精读、慢读，轻泛读和快读的问题。这一现象一方面导致学生纠结于语言层面的知识，而阅读量不够、速度慢、质量差；另一方面，语言输入不足直接影响了学生阅读能力提高的进度，并最终影响学生总体语言水平的提高。对此，英语阅读教学应坚持综合性原则，将精读、泛读、快读结合起来，不仅要重视强精读教学，还应注意培养学生的泛读和快读能力，做到“精、泛、快”相结合，全面提升学生的阅读水平。

三、高职院校英语阅读教学的方法

(一)策略教学法

1. 预测

预测是阅读过程中的重要环节，而且在阅读中发挥着重要作用，在阅读之前根据课文的题目和一些关键词，展开想象，预测情节，不仅能够锻炼学生运用已有的知识进行自主学习的能力，而且能培养学生的逻辑推理能力。每篇文章都会有题目，恰当合理的题目通常会包含文章的中心思想。在学习一篇课文时，学生看到题目时就会想象这篇文章的主要内容。这样的预测也会激发学生进一步阅读的欲望，促使学生在进一步的阅读中亲自去印证猜测的结果。不论猜测正确与否，最终都有助于课文的理解。

2. 略读

略读是一种以尽可能快的速度粗读全文，并获取文章主题大意的阅读策略。略读属于选择性阅读，它并不要求逐词逐句地阅读，而只需要选读每段的首尾句，有时只要指出段落的主题句，把握重点事实和细节即可，而对于其他细节或具体例子则无须仔细阅读。具体来讲，略读要留意以下几点内容：文章的首尾段以及段落中的段首和段尾；文章的题目、小标题、黑字体、斜字体以及画线部分；文章中的关键词语；文章中的关联词。

3. 跳读

如果在阅读中只需要查找所需要的信息，这时就没有必要逐字逐句、从头到尾通读下去，而是可以采用跳读的方式。跳读尤其适用于时间紧迫，不能进行通篇阅读，而对选择题中的几个选项又无法判定时，其目的是根据问题寻找答案，准确定位详细而又明确的信息。

4. 寻找主题句

作者的基本思路和文章中心思想常通过文章的主题句反映出来，所以想要理解文章，寻找主题句是关键。在具体的教学中，教师可以向学生说明主题句常见的位置以及不同位置的主题句的特点，然后举例进行说明。主题句的位置通常比较灵活，多见于以下几种位置。

(1) 主题句位于段首。一般作者在写文章时会先引出一个话题，然后针对这一话题进行详细的阐述，所以主题句设置在段首的可能性最大。而且主题句位于段首，不仅能使人一目了然，也易于被人把握。

(2) 主题句位于段尾。除上述情况之外，主题句还时常出现在句尾，但是此时的主题句多是对上文的总结，或是对上文的描述提出的建议。

(3) 主题句同时位于段首和段尾。主题句同时出现在段首和段尾的情况也十分常见，此时段尾的主题句不仅是对段首主题句的重复，更是对段首主题句的延伸和呼应。一般情况下，段首主题句和段尾主题句在用词和结构方面存在一定的差异。

5. 推理判断

有时从文章字面意思上并不能直接找出所需的信息，此时就需要进行推理判断。推理判断对学生的要求较高，它要求学生以理解全文为基础，从文章提供的各个信息出发，对文章逐层进行分析，最后准确推断出文章的中心思想。推理判断包括直接推理判断和间接推理判断。直接推理判断要求学生不仅要理解原文的表层意思，还要依据所提供的信息合理地推断文章的结论。

（二）合作阅读法

合作阅读法是指使学生通过参与合作活动扩充词汇、培养阅读技巧的一种教学方式。这种方法适用于大部分的英语阅读课堂教学。在水平参差不齐的班级中使用这种教学方法效果十分显著，不仅有利于扩大学生的词汇量，还能有效增强学生的理解能力和合作意识。

1. 读前准备

进行读前准备主要是为了激活学生头脑中的相关图式，以完成以下三项任务：

（1）预测阅读材料的主题与内容。

（2）激活与阅读内容相关的背景知识。

（3）在尽量短的时间内了解与阅读材料相关的信息。充分的读前准备有助于激发学生的阅读兴趣，加深学生对阅读材料的理解程度。

2. 细节阅读

做好读前准备以后，教师可安排学生进入细节阅读阶段。此阶段的目的在于训练学生监控自己阅读的能力，使学生注意自己什么地方理解，什么地方不能理解。当学生确定了自己无法理解的部分以后可通过以下几种方式帮助理解：

（1）根据英文构词法，如前后缀、词根等猜词义。

（2）将生词拆开，将其各部分的含义综合起来。

（3）通过关键词理解词义。

(4) 根据上下文语境猜词义。

3. 大意理解

这一环节要求学生对材料的掌握要做到以下两点。

(1) 找出全文的六大要素：时间、地点、人物、起因、经过、结果。

(2) 能用自己的语言叙述阅读材料内容，内容要包含以上六个要素。这一环节中，教师可先向学生提出一些问题，让学生带着问题去阅读。在阅读之后，可以将学生分成人数相同的若干小组进行讨论，交流观点后归纳出最终答案。讨论结束后，教师可以抽查小组讨论的情况，请某个小组陈述本组的观点，这样不仅可以增进师生之间的交流，还能鼓励学生积极参与。

4. 巩固理解

当学生完成了细节和大意的理解以后即可进入巩固阶段。该阶段的目的在于扩充学生的知识、促进学生的理解和对所阅读内容的记忆。巩固阶段中，教师可组织学生就阅读材料进行提问。为使学生能够把握重点，提出有意义的问题，教师可为学生示范各类问题的提问方式。

5. 合作学习

经过以上环节的学习，学生对阅读材料以及阅读的策略有一定的了解和掌握，此时就可以开展合作学习活动了。具体做法是，教师对学生进行分组，每个小组成员都扮演一定的角色。角色分工如下：

(1) 组长。组长在活动中的主要任务是确定合作阅读的具体任务，组织和保障合作阅读活动有效开展。

(2) 问题专员。问题专员在活动中的主要任务是，在学生猜测词义时用问题卡片提示操作步骤。

(3) 激励员。激励员在活动中的主要任务是激发组员的积极参与性，评估每个组员的参与程度，为小组下一步活动提供建议。

(4) 监控员。监控员在活动中的主要任务是监督组员的参与情况，并维持组内的秩序。

（5）发言人。发言人在活动中的主要任务是作为本组代表宣布讨论结果。

（6）计时员。计时员在活动中的主要任务是掌控合作阅读各阶段的时间。

小组合作学习可以为学生创造轻松的学习环境，在这种环境下，学生可以轻松地学习和交流，而且通过实践活动，学生能更深入地了解和认识文本，进而提高听、说、读的综合能力。

（三）语篇教学法

语篇教学法现已成为英语阅读教学中一种重要的教学方法。语篇教学法是基于语篇分析理论、图式理论等观点，从整体入手，然后到局部，最后再回归到整体的一种阅读教学方法。这种从整体到局部再到整体的阅读方法是指，首先通过阅读全文，构建全文的语意图像，而后理解词句等文字符号的解码来理解句子、段落的意思，完善全文的语意图像。以下就对语篇教学法的具体实施情况进行具体说明。

1. 解析语篇体裁，掌握篇章结构

对特定的语篇体裁有所了解，有助于文章内容进行合理、快速地预测。从某种意义上来看，篇章结构的语篇分析是语篇教学的重点，因为这样不仅可以培养学生的阅读理解能力，而且可以提高学生的语言综合运用能力。

在英语阅读教学中，阅读材料的体裁是多种多样的，但归纳起来，英语阅读材料以记叙文和说明文为主。记叙文主要包括故事、传奇、传记等，说明文主要涉及科学技术、自然灾害、环境保护、饮食文化等。在进行记叙文阅读教学时，教师要引导学生了解记叙文的特点，并让学生据此进行阅读，同时要提醒学生注意事件发生的过程，引导他们抓住文章的主要内容，从而准确理解文章内容。此外，教师也可以帮助学生记忆文章中的某些细节信息，以使学生根据这些信息来复述文章，减轻学生理解和复述课文的困难。在进行说明文阅读教学时，教师首先要让学生对说明文有一个整体的了解，包括说明文的性质、说明文的描写重

心等。教师还可以按照解释、对比、举例、数字、分类和因果等对说明文做进一步的分类，以使学生深入地理解和把握说明文的特性以及写作展开的手法。

2. 激活背景知识，拓宽理解视野

背景知识对语篇的正确理解有着重大的意义，因为它是理解确定语篇必须具备的外部语境。背景知识的激活有助于学生对文章的深层理解，也有助于掌握文章的中心思想和把握作者的写作目的以及思想倾向。其中，激活背景知识的一种有效手段就是提问。问题的讨论要以学生为中心，要让学生的主观能动性在问答中得到充分的发挥。在问答结束后，教师可以将课文的关键字写在黑板上，让学生根据这些关键字来预测语篇的内容。在问答和预测的过程中，学生的背景知识就彻底被激活了，而且通过教师的引导，学生的知识面会进一步拓宽，阅读信心也会随之增强。

3. 词句融入语境，获得整体理解

词句知识是语篇学习的基础，更是培养语篇阅读理解能力的基础，所以语篇教学除了篇章结构、相关背景知识，还包括词句知识。同一个单词在不同的句子中会有不同的含义，句子也是如此，同一个句子在不同的语篇中也会表达不同的含义和交际功能。所以，句子也必须放到具体的语境中去考察，否则脱离了语境的句子就无法确定其交际功能，也无法起到应有的交际功能。所以，英语阅读教学不应局限于句子层面，而应突破句子的范围，着眼于句子在整个语篇当中的作用。

总体来讲，如果不影响阅读理解，在处理词、句子和语法时没有必要逐句释义，同时要培养学生依据上下文揣测词义的能力，使学生能够在语篇的基础上把握词句含义，将词句回归到语篇语境当中。

4. 逐段消化吸收，把握段落结构

在这一环节中，教师要将课文中的语言点如常见短语、句型以及固定搭配等指示出来，指导学生造句练习，以使学生能够熟练掌握和运用。但这一环节的实施要遵循精讲多练的原则，并且教师要有意识地向

学生说明段落主题句经常出现的位置、段落的构成、每一段在语篇中的作用等，以使学生从整体上来理解和把握各个段落的意义及作用。

5. 围绕阅读教学，进行综合训练

将所学知识内化为语言技能、将语言技能转化为英语交际能力是语篇教学的主要目的。所以，当学生对语篇的内容、结构以及融合的知识有了一定的了解和掌握之后，教师就要有意识地引导学生进行整体吸收和运用，鼓励和指导学生根据篇章所提供的信息进行交际活动，如转述、缩写等，围绕作者观点进行讨论，围绕重点词汇和句型进行说写活动等，让学生处在交际的情景中，训练学生的语言表达能力，培养学生的实际交际能力。

从上述分析可知，在英语阅读教学中，语篇教学法有着明显的优势，具体体现为如下几点：语篇教学法强调学生的主体地位和主体参与性；语篇教学法体现了学习中学习方法与技巧的作用；语篇教学法明确了阅读教学的目的，注重学生能力的全面培养。

四、高职院校英语阅读教学中中华传统文化渗透的途径

随着教学的不断发展，教师应及时转变观念，调整教学内容和手段，在以教授英语语言和英语文化为主的英语教学中适当导入相关中华文化知识，提高学生用英语表达中华文化的意识和能力。阅读是语言技能的基础，能与其他技能交互作用，能带动其他语言技能的发展，是人们获取信息、进行交流的重要途径，也是最为重要的语言输入过程。阅读材料的选取在考虑需要使学生能够获得有效的语言知识输入的同时，其多样选择性也为将中华文化导入英语阅读提供了可能性，阅读课堂理应成为英语教学中进行中华文化导入的最主要平台。

（一）进行文化渗透

渗透法是指教师抓住各种机会，利用各种教学手段，在教授外国文化知识的过程中不断地向学生渗透历史地理、风土人情、日常生活等中国文化知识。高职院校英语阅读教材在文化内容上涉及自然、社会、人

文等，具有相当的广度和深度，每篇阅读文章都反映了一定的文化知识。例如，教师在教学时可渗透中国唐诗的相关知识，介绍唐诗的历史背景和书写习惯，或让学生阅读欣赏一些唐诗的英译版。这样可以激起学生对中华文化的兴趣，有利于培养和提高学生用英语表达中国文化的意识和能力。

文化渗透一般通过语言学习的输入与输出来完成。英语阅读教学中的中国文化输入是指选取有关中华文化的英文资料供学生阅读；输出是指在阅读考查中可以设置相关题目进行反馈评价，如问答题，要求学生谈谈对阅读材料中有关中华文化的理解，或与其所了解的其他文化的区别等。

（二）开展游戏

游戏法是教师在英语阅读教学中，利用问答、知识竞赛、谜语、文艺表演、角色扮演或者自己设计的各类小游戏贯穿课堂，调动学生对中国文化的学习兴趣，培养学生对中华文化的英语表达能力。例如，角色扮演，教材中适合角色扮演的任务有许多，如在讲授文化遗址时，教师可以引导学生根据教材内容模拟真实情境编对话，扮演导游互相介绍自己所熟知的国家文化遗址知识。身临其境的角色扮演，可以使学生及时掌握并且灵活运用所学知识，达到对所学知识举一反三、巩固提高的作用。

（三）组织课外活动

课外活动法是教师引导或学生自主在课外时间进行拓展阅读或参加跨文化交流活动，主动培养起学生对中华文化的英语表达能力。教师可以布置与教材内容相关的课外拓展阅读，也可推荐一些与课文不相关但属于中国古典名著的英文简写版、节选版或者中英文对照版让学生根据自己的能力水平与实际情况自行选择阅读。

此外，教师可利用课余时间组织学生参加跨文化交流活动，如加强与外国留学生的交流互动等。跨文化交流活动可以使学生在不自觉中培养跨文化交流意识，体验跨文化氛围，在开阔视野的同时，激发学生的文化学习兴趣，减少课堂学习的疲劳感，为今后的学习奠定良好基础。

综上所述，阅读是一个接收信息、加工信息和输出信息的重要过程，是语言学生习得目标语语言和文化，获取各种英文信息并进行跨文化交流的重要手段。在高职院校英语阅读教学中强调目的语文化学习的同时，通过文化比较、文化渗透以及文化活动等方式，适当地导入中华文化信息，培养学生准确地用英语表达中华文化的能力是高职院校英语教学改革的重要内容。

第四节　文化与英语写作教学的融合与渗透

写作是书面语传递信息的一种交际能力，凡是具有良好素质的外语人才都必须具备这种能力。作为英语学习培养的重要基本技能，英语写作也是高职院校英语教学的重要内容之一。随着中国经济的快速发展以及新理念的产生，将中国传统文化融入高职院校英语写作教学成为培养学生写作技能、激发学生写作兴趣的重要方法。

一、高职院校英语写作教学的内容

好的文章必须具备完整的结构、流畅的语言、充实的内容等，因此结构、句式、选词、拼写与标点符号等就成为英语写作课堂教学的主要内容。

（一）结构

第一是谋篇布局，谋篇布局是写作的前提和基础，只有了解了不同体裁和题材文章的谋篇布局，作者才可以根据写作目的选择适当的扩展模式，因此谋篇布局就成为英语写作教学的重要组成部分。从篇章结构上看，写作的结构一般是“引段—支撑段—结论段”。而从段落的结构上看，结构一般是“主题句—扩展句结论句”。不同题材、体裁的文章，也有着不同的布局方式。例如，在说明性文章中，主题句主要用来介绍主题，扩展句主要以时间、重要性等顺序扩展细节、说明主题，结论句则是重述主题、描述细节；而在议论性文章中，主题句主要用于陈述作者认为正确的观点，扩展句是以说明的顺序扩展细节阐述原因，结论句则重点用来总结或重述论点。

第二是完整统一，有经验的作者往往能考虑到文章写作的完整统一性，英语写作教学的目的就是培养学生成为熟练、有经验的作者，所以完整统一就成了教师教学的内容之一。具体来讲，文章的完整统一是指文章中所有的细节都必须服务于主题，如所陈述的事实、原因、例子等内容都围绕主题陈述展开，或与主题相关。而所有偏离主题的句子都要删除，同时要保持文章段落的完整性。

第三是和谐连贯，文章的写作除了要考虑谋篇布局、保持文章完整统一，还要兼顾文章的和谐连贯。所谓和谐连贯，是指句子与句子之间必须紧密相连，内容之间必须衔接流畅，段落与段落之间必须环环相扣，最终整篇文章要做到流畅自然、和谐统一。要保证文章和谐连贯，采用恰当的起连接作用的词或词组是一个很好的方法，因为连词的使用可以引导读者随着作者的思路去思考问题。此外，过渡语的使用可以起到增强文章连贯性的作用，所以在写作中可适当使用。

（二）句式

文章是由一个个句式组成的，所以句式是英语写作教学的重要内容。英语句式的种类繁多，按复杂程度划分有简单句、复杂句、并列句等，按语法顺序划分有正常句、倒装句等，按句子长短划分有短句、长句等。如果学生能在文章的写作中运用多样的句式来表达内容，就能够有效增加文章的文采，对自己的写作能力也能起到很好的锻炼作用。所以，教师在教学中应重视对学生句式的训练，以增加学生对句式的认知，促使学生掌握正确、多样的表达方式，进而写出优秀的文章。

（三）选词

词汇是构成文章的基本单位，词语的选择对于文章的写作来讲至关重要，自然选词也就成了英语写作教学的重要内容。在英语写作教学中，教师应让学生明白，词语的选择体现着一个人的写作风格，与个人爱好有关，并让学生注意在选词过程中考虑语域、对象等因素，同时要有意识地教授学生一些选词和用词技巧。

（四）拼写与符号

拼写与符号是写作的基础，如果没有拼写与符号，那么选词、组句、成篇就不可能完成，因此拼写与符号也是英语写作教学的重要内容。对此，在设计写作教学方式和内容时应将拼写和符号这些因素考虑进去，以提高学生拼写和运用符号的能力，进而增强写作教学的有效性。

二、高职院校英语写作教学的原则

在英语写作教学中，教师应该遵循如下几项原则。

（一）以学生为中心原则

由于受到传统英语教学模式的影响，很多教师仍奉行“教师＋黑板”的方式来进行写作教学。在这种教学模式中，教师是整个教学活动的中心，学生只是被动地接受知识。随着英语教学改革的推进，越来越多的人开始意识到学生才是教学的主体，任何教学活动都应围绕学生及其需求来进行。因此，现代英语教学为切实提高学生的英语水平，对学生的学习规律给予了充分的重视与尊重，并积极倡导以学生为中心的教学理念。英语写作教学是英语教学的重要组成部分，同样要遵循以学生为中心的教学原则。教师在英语写作教学的过程中应将自身的主导作用充分发挥出来，树立以学生为中心的教学思想，尊重学生的主体性，切实提高教学质量，提高学生写作水平。以学生为中心的教学原则要求教师在教学过程中鼓励学生真正参与到教学中。为此，教师可以采用小组讨论的方式进行教学。小组讨论主要有以下几种方式，教师可以根据教学实际和学生水平灵活加以运用。

1. 复习式

复习是一种帮助学生巩固所学知识的好方法。此外，通过复习，学生可以了解自身的薄弱之处，从而有针对性地加以改进。需要注意的是，在采用这种讨论方式时，教师应该使学生对知识保持新鲜感，以激发学生对讨论的兴趣。

2. 提问式

在小组讨论的过程中，提问是一个核心环节。提问的作用是多方面的，它既有利于降低学生的写作难度，还可以引导学生归纳信息、表达思想，学生之间的提问还可以鼓励学生开口，勇于质疑。提问的重点在于得当性，这主要体现在两个方面：首先，教师提问的方式要得当；其次，教师提问的次序要得当。教师应向学生提出明确的问题，从而使学生能够清楚地把握问题的对象，使教师能通过学生的回答得到有效的反馈信息，深入了解学生的学习状况与能力。此外，教师提问时，为了避免课堂秩序的混乱，还要提前对回答的方式予以规定，如写在纸上或举手回答。此外，教师提出的问题应覆盖不同的难易程度，从而使不同能力与水平的学生都能积极参与进来。

3. 卷入式

卷入式也是小组讨论的重要形式。在大部分情况下，这种方法可以让尽可能多的学生参与到写作教学中。为了向所有学生提供参与、回答的机会，教师可灵活采取多种方式，如让学生重复问题或重复答案、让学生提出问题、让学生集体回答等。

4. 反馈式

如果想了解学生的基本情况，反馈式是一种十分有效的方式。小组讨论的效果在很大程度上取决于是否能随时获得全班的反馈信息，因为教师正是根据反馈信息对课堂进展进行及时调整的，以此来保证全体同学都能参与进来。具体来说，教师如果想了解每位学生的情况，可以让学生将答案快速地写在纸上，然后对全班进行巡视与检查。通过巡视，教师可以获得反馈信息。

5. 学生互助式

学生互助式为多名学生共同完成一个问题的回答或者学生之间的相互问答提供了平台，学生在此过程中还能够学会怎样尊重、支持他人的观点。需要注意的是，学生互助式的关键在于鼓励同学之间相互协作，解决难题，而不是由教师直接给出答案。

上面简单介绍了小组讨论的几种主要形式。实际上，教师应根据学生的英语水平与班级的大小来综合考虑，因此，可以有多种多样的组织讨论的技巧形式。此外，各种技巧也是互相联系、相辅相成、融会贯通的。因此，教师在组织一次讨论活动时，可灵活使用各种技巧。无论教师采取哪一种或哪几种技巧，都应将每位参与者的兴趣充分调动起来，从而使他们开动脑筋，积极参与。总之，教师在英语写作教学过程中，要时刻以学生为中心，将这一原则贯穿到写作教学的各个环节。

（二）循序渐进原则

做任何事情都不是一蹴而就的，而是一个循序渐进的过程，英语教学尤其如此。人们对知识的认知总是有一个由浅入深、由低到高、从简单到复杂、从旧质到新质的不断变化和反复巩固、完善的过程，这就决定了学生英语水平的提高需要经历一个长期的持续练习过程，而不可能是一朝一夕就完成的。所以，教师在英语写作教学中要时刻谨记循序渐进原则，遵循先易后难、循序渐进的教学规律。具体来说，在英语写作教学中，循序渐进主要有三个方面的含义：

1. 就语言本身来看，句子写作是写作训练的基础，然后逐步过渡到段落与语篇。英语写作中的最小单位是词汇，将词汇按照一定的规则进行排列就形成句子；在此基础上，人们借助句子相互传递信息、交流思想；而当句子按照逻辑相关性的系统排列时，就形成了语篇。可见，从词到句子再到语篇，是由简单到复杂的循序渐进过程。因此，学生要想打下良好的写作基础，首先必须从单词、句子的写作抓起，然后逐步向语篇过渡。在学生掌握了基本句型并能够写出简单的句子时，教师可以要求学生根据一些体例写出小段的文章。在具体的练习过程中，教师应从方方面面来引导学生养成良好的写作习惯，如对标点符号、大小写予以充分关注，能够熟练、正确地进行字母、单词和句子的书写等。而在文章的写作中，教师要教会学生如何构思文章，分析段落结构、段落的中心句、句与句之间的逻辑关系，运用正确的写作技巧等。

2. 从写作训练的活动来看，也要遵循从易到难的规律，先进行简单训练，然后逐步向复杂训练过渡。为此，卜玉坤教授曾提出“高职院校英语写作分阶段教学的具体方案”，这一方案很好地遵循了写作训练活动循序渐进的原则。具体来说，该方案包括十个阶段：写简单句；写复合句；段落的组成及要点；文章的文体类别；段落的发展方法；文章的结构；写作的书面技术细节与修辞手段；写作步骤；范文分析和题型仿写；独立撰写实践。

3. 文章主要有叙述、说明、描写、议论四种文体，因此，写作教学也要注意这四种文体的写作练习。具体来说，在进行训练时，应以单项表达方式的训练为切入点。此外，训练中的字数要求应按照从少到多的顺序逐渐提高，应在学生对各单项技能都掌握之后，再开展包括两项到多项技能的组合训练。对于教师来说，可以先向学生讲解各种文体及其语言特点，然后说明写作要求和字数要求。在学生对各种表达方式的单项技能能够熟练运用之后，再安排学生进行简单应用文的写作练习。

总之，教师在写作教学中要切实遵循循序渐进的原则，不可不顾学生的写作实际盲目推进教学，这样只会适得其反。

（三）注重基础原则

在具体的教学过程中，教师经常会发现学生的写作存在这样那样的问题，如套用作文模式、语言基础不扎实、细节写作不完善等，这些都提示教师在写作教学中要先帮助学生打好写作的基础，这样才能真正帮助学生将写作水平提升到一个新的高度。在此主要讨论英汉对比对学生写作的重要影响。

众所周知，英汉两种语言分别属于不同的语系，因此，具有不同的语言特点。如果学生长时间受汉语思维影响，就很容易在英语写作过程中体现出汉语的表达方式，即平时所说的中式英语。因此，教师在英语写作教学中要注意加强词汇和句法的英汉对比教学，帮助学生了解两种语言之间的差异，避免在写作中犯错。

具体来说，在词汇教学中，教师要注意避免英汉单词语义的直接对应性，应注重单词的上下文语境等，以免学生在写作时逐词套译。在句法教学中，汉语句子注重“意合”，强调通过语义将句子连接起来，而英语句子注重“形合”，句子之间往往通过连词等来连接，教师要注意加强此类对比，让学生多了解两种思维方式的不同。

（四）综合发展原则

英语学习是一个系统的过程，写作只是英语教学的一部分，况且英语各项基本技能不是孤立存在的。综合发展原则也就是与听、说、读、译相结合的原则。虽然听、说、读、写、译各有自己的特点，但在本质上它们之间是相互依赖、相互促进的关系。

1. 写与听相结合。听是重要的语言输入方式，学生通过大量的听，有利于积累写作素材。教师可多布置一些听写任务，同时，要求学生学会听讲、做笔记，这样不论对听力还是对写作都大有裨益。此外，把听作为输入的方式可获取写的内容，从而以写来反映听的结果。

2. 写与说相结合。说可以为写奠定基础，而写则是说的发展。此外，说和写都属于信息输出的途径，也都是表情达意的重要手段。教师可以让学生先口头叙述后书面表达，以说作为写的准备，在说的基础上练习写作。

3. 写与读相结合。语言信息的输入主要通过读与听来完成，学生在阅读范文的过程中可以获取一系列的写作资源，如语言、观点、篇章结构等资源，这些通过阅读获得的写作资源在一定程度上能够减轻学生的写作负担。教师在开展写作教学时，可要求学生改编课文对话，同时，对时态、人称等方面的变化予以充分关注。此外，教师可以鼓励学生将课文的主要内容用自己的语言复述出来，这些练习有助于学生写作水平的提高。

4. 写与译相结合。在进行翻译训练的过程中，学生不仅能够提升语言意识，其写作能力也会得到相应的提高。具体来说，教师可以对学生进行表达习惯、句法规则以及篇章结构等方面的指导，让学生了解英汉两种语言的异同，增强思维能力的转换。

(五) 多样化原则

只积累基础语言知识是不能提高写作技能的，写作技能的掌握还需要不断的训练才能完成，因此，在英语写作教学中，教师应设置多样化的训练来锻炼学生的写作能力。教师可以在写作教学中让学生进行仿写、缩写、扩写、改写、情景作文等练习，使学生在实践练习中掌握写作技巧。例如，在仿写练习中，可先让学生观察，然后进行临摹，之后再自主学习，这样学生逐渐就会达到熟练的程度。关于缩写，可按照关键词—思考—讨论—复述—动笔的思路进行，将课文中关键词连接起来，然后写出本课的主题或中心思想。扩写能够激发和培养学生的想象力，但学生的想象要符合实际。改写则有助于学生深入了解原文，利于学生把握文章的中心思想。情景作文需要学生积累平时所学的知识点，进而将这些知识点进行提炼并转化为富有情感色彩的文字语言，这有助于锻炼学生的综合能力。此外，在英语写作教学中采用多样化的练习方式，对于激发学生的学习兴趣也十分有利。

(六) 系统性原则

我国英语写作教学过程比较缺乏系统性，主要表现在以下几个方面：

1. 缺乏科学的教学计划。针对大纲规定的教学任务，教师没有制订科学的教学计划，使得教学目标的实现没有可靠的保证。

2. 缺乏充足的时间保障。除了英语专业，很多学校由于课时有限，写作并不单独设课，而只是在阅读课或是口语课中捎带进行讲解，最终使写作教学变成了一个附属品，常常是教师利用课堂的一点儿剩余时间，任意指定一个题目，让学生写篇作文。

3. 缺乏系统的教材。目前还没有一套专门而又系统的写作教材，写作大都安排在每课的最后，而教师由于时间的问题，往往运用布置作业的形式，这就无法达到提高写作教学质量的目的。

4. 缺乏系统的练习。要想写好文章，必须建立在积累大量材料的基础上，进行大量的系统练习，并且掌握写作的基本方法和技巧，这样写起来才能得心应手。由于我国英语课时有限，学生很难得到有效的系统训练。

对于以上问题，教师和学校都应当本着以学生为中心的教学态度，从宏观方面系统地加以解决。否则，英语写作教学的效果必定会受到影响，学生的写作能力也很难得到提高。

（七）真实原则

我国英语写作教学的目的不是让学生为了写作而写作，更不是让学生应付考试，而是让学生能够运用写作进行自如的交际。因此，英语写作教学应当坚持真实原则，努力联系学生的实际生活，让学生在写作过程中有话想说。如果写作缺乏真实性，那么学生就感受不到写作的意义，也就无法对写作产生兴趣。对此，教师可让学生用英文写求职信、个人简历等，这些实用性文体的写作可将写作与学生的现实生活联系在一起，更能激发学生写作的积极性，也能提高学生的学习效率。

（八）重视评估原则

教师在写作教学中尤其要注重遵循评估原则，写作教学并不是要求学生写完作文交上就完事了，学生的习作肯定会存在这样那样的问题，教师只有进行认真的评阅，才能使学生及时得到反馈信息，以进一步修改习作，不断提高其写作能力。一般来说，写作教学过程中涉及的评估主要有两种，即结果评估和过程评估。

1. 结果评估

“写作成品”是写作完成的标志，对写作结果的评估也就是对学习成绩的评估。在传统的教学环境中，教师通常采取“等级”方式对学生上交的作业进行评估，即结果评估。这种评估方式虽然可以在一定程度上帮助学生发现问题，但其缺点也是十分明显的，既增加了教师的负担，也容易使学生失去写作的信心。

根据相关研究成果，要想切实帮助学生提高写作水平，仅依靠写作惯例的监测是远远不够的，还应使用建设性、鼓励性的反馈。此外，对写作过程与写作内容的评估也有助于培养学生对写作的兴趣和正确态度。在面对学生的错误时，教师应避免过度纠错对学生自尊心带来的伤害。教师在学生几经修改或校稿以后及时进行反馈是目前较提倡的做法。教师在给出反馈时，应当以鼓励为主，并在必要时指出需要改进之处。

2. 过程评估

对于英语写作来说，结果评估多于过程评估。然而，如果将写作教学看作一种过程，过程评估的重要性也是不言而喻的。一般来说，过程评估具有十分丰富的形式，并且是在写作过程中进行的，既可以由教师进行评估，也可以在教师示范如何评估的基础上由学生以讨论的方式进行。教师可在互评讨论环节为学生提供一些可参考的问题。需要注意的是，这些问题应当对互评起到关键性的作用。此外，学生自评也是过程评估的有效形式。在学生互评或自评时，教师应当提供必需的评估工具，如自我评价表等，给出评估的指标、评估的标准和粗略的评估等级等，使学生在互评和自评过程中掌握一定的依据和方向，增强对自己的评估能力的信心。

三、高职院校英语写作教学的方法

（一）对比教学法

要想让学生写出的文章用词地道、语句流畅、逻辑连贯，教师就必须引导学生深入了解英语与汉语的差别。大致而言，对比教学法主要涉及以下两个层面。

1. 语句层面

教师在批改学生作文时应指出学生写作中不符合英语表达习惯的语句，同时，注明标准的英语表达方式，使学生更清楚地看到差别，并在不断的修改过程中逐渐学会用英语进行思考与表达。

2. 语篇层面

语篇是语言的使用，是更为广泛的社会实践。从翻译角度来看，语篇是对这些语义予以连贯，译者需要理解和解读语篇中的句际联系。教师可引导学生了解并思考英语文章是如何发展主题、组织段落、实现连贯的，以此来帮助学生对英语的语篇结构有一个立体的、综合的认识。

（二）网络教学法

网络为学生提供了一个很好的学习平台。教师在写作教学中也可以采用网络教学法，充分发挥网络的优势，逐渐提高学生的英语写作水平。具体而言，教师可以从以下几个方面入手：

首先，教师应鼓励学生在学习过程中利用好网络资源，积累写作素材。在写作过程中，学生可充分利用网络来查询信息，同时，学生的自主学习能力、独立思考问题的能力也会得到相应的提升。将网络运用于写作教学中，还有利于转变传统的单向教学模式。

其次，教师应引导学生利用网络开展英语阅读，逐渐增加词汇量，学习最新的英语词汇，为学生英语写作能力的提升提供有效的辅助。

最后，教师可以利用网络技术创建网络课堂，提供一个可用于教学、与学生进行互动交流的平台，多与学生进行交流、讨论，为学生的写作实践提供相应的指导。

总之，在英语写作教学实践中，教师应充分发挥网络技术的优势，根据具体的教学实际来进行教学，改善教学效果，为教学增添新的活力。

（三）语块教学法

教师在教学中可以采用语块教学法，培养学生运用语块的意识，促使学生不断积累语块，进而在写作过程中可以迅速提取并直接运用，提高语言表达的自动化程度，从而写出标准、精美的文章。具体而言，教师可参考如下两个方面。

1. 建构相关的话语范围知识

所谓相关的话语范围知识，主要包含与主题相关的各种社会知识与文化知识。在传统的写作教学中，这一环节未引起重视，但是不得不说，这是写作教学的第一步。在这一阶段，教师需要完成：第一，引导学生学习和掌握与话语范围相关的知识，可以通过交流，让学生对其他学生的相关经历有所了解。第二，对与话语范围相关的双语语言进行比较，尤其是不同语言的异同点，从而使学生了解这些语言背后的文化背景，以及文化背景对话语范围产生的影响。第三，对与话语范围相关的词汇及表达形式进行列举、选择与整理。

具体而言，教师可以引导学生开展如下教学活动：

（1）教师提前为学生准备一些与话语范围相关的语篇，让学生对这些语篇进行比较与探讨，以便学生发现不同语言的异同点。

（2）在课堂上，教师组织学生探讨自身的经历，如旅游经历，可以让学生对自己旅游过的地方、乘坐的交通工具等进行描述。

（3）为了让学生对主题有着深刻的感受，教师可以组织学生参加与主题相关的活动，如讨论购物主题时可以让学生亲自去超市购物等。

（4）教师安排学生准备一些与主题相关的物品，如实物、照片、视频等。

（5）教师让学生从写作的角度认真阅读语篇，并对语篇中的语言符号、辨别意义等有所了解。

（6）学生在阅读语篇的过程中，将自己遇到的生词等进行归纳，并将这些新词与已学内容相联系。

2. 建立相关语类的语篇模式

在这一阶段，教师写作教学的主要目的：让学生对语类及相关主题的语篇有清楚的了解和把握；让学生对语类结构与结构潜势有深刻的了解；让学生对语篇语境有清楚的把握；让学生对交际目的、交际功能有清楚的了解。

在这一阶段，教师需要完成的工作：通过分析语篇，向学生传达与语类相关的知识；通过分析语篇，让学生感受到与语类相关的词汇、结构等，分析这些词汇、结构等如何表达主题；通过分析语篇，让学生感受语类的社会意义。

具体来说，教师在这一阶段可以安排如下几种具体的活动：

（1）教师为学生阅读一遍语篇。

（2）教师与学生一起阅读语篇，可以是教师领读，也可以是轮流阅读。

（3）教师引导学生根据语篇的内容，对相关社会与文化背景进行推测，如作者写作语篇的目的、所处的时代等。

（4）教师让学生回忆他们在其他时间学过的类似的语篇，并组织学生分小组讨论语篇的主要观点、主要内容等。

（5）教师组织学生分析语篇的结构与框架，如语篇由几个段落构成、这些段落是如何进行连贯的等。

（6）教师或者学生寻找一些类似的语篇，对语类结构的阶段方法进行训练。

（7）教师以语类为基础，引导学生对一些规律性的语法模式进行总结与归纳。

（8）教师引导学生思考语法模式与语类的关联性。

（四）文化导入法

教师在写作教学中应坚持文化原则，将文化背景知识融入教学。具体来说，教师可采用以下几种方法来培养学生的文化意识，提高学生的写作能力。

1. 融入不同文化知识，增强学生的文化意识

在跨文化交际中，因文化差异导致的错误要远比语言本身出现的错误严重，所以，在高职院校英语写作教学中，教师应重视文化差异因素对学生写作的影响，并采用有效的方法来增强学生的文化意识，这对提高学生的写作能力具有现实的意义。

在高职院校英语写作教学中，教师应成为不同文化之间的中介者和解释者。作为中介者和解释者，教师首先应对某一语言成分所依附的文化内涵及文化背景有一个深入的了解，继而对学生进行讲解，做到语言教学与文化教学的并进。除了要向学生分析语言本身所承载的文化背景知识外，还应适时补充一些其他国家的风俗习惯、社会规则、生活方

法、思维模式等文化背景，使其他文化背景知识渗透和融入写作教学的各个环节。教师要适时总结不同文化差异，并形成系统的文化规则，然后介绍给学生，以提高学生的文化差异敏感度和洞察力，培养学生的跨文化交际意识。

2. 培养学生的英语思维模式

我国学生的英语作文普遍存在两大缺陷，即“重点不突出”和“黏着性差”，而这两大缺陷很大程度是因欠缺英语思维造成的。对此，在高职院校英语写作教学中，教师应有意识地引导学生对不同的思维方式和特征进行对比研究，包括基本词汇文化内涵比较研究、深层文化对比研究、情景对话行为规则的研究等，帮助学生学习和掌握其他语言的组织篇章的思维逻辑，引导学生用英语思维模式进行写作，从而使学生写出符合语言交际规范的文章。这就需要学生用英语的写作思维模式勤加练习，没有大量的练习，写作理论与技巧只能流于形式。学生只有勤写多练，才能发现和完善自己写作中的问题，不断将所学的语言文化知识以及英语思维方式应用于英语写作实践中，逐步提高英语写作能力，进而写出符合英语语言规范的文章。

四、高职院校英语写作教学中中华传统文化渗透的途径

在高职院校英语写作教学中，有必要在英语写作教学中加强中华传统文化的输入，发挥“母语文化”在丰富学生英语写作的素材，激发学生的写作热情，活跃课堂氛围，提升学生的跨文化交际能力等方面的作用，从而全面提升英语写作教学的整体水平。

（一）丰富写作素材

中华文化博大精深，瑰丽璀璨。它像一口富矿，给教师源源不断地提供写作话题，丰富学生的英语写作素材。在英语写作教学中，教师可根据不同的教学内容，选择不同的母语文化语料，开展相应的写作训练。例如，在学习记叙文体裁时，可以以中国民间故事为题材练习，帮助学生掌握英文记叙文的几大要素和写作要领。在学习说明文体裁时，

可以以中国的传统节日、中国书法、戏曲、古典文学、饮食文化等为内容进行训练，引导学生调动其主观能动性，对话题内容信息进行梳理整合，让学生体会说明文中逻辑之严密、表述之清晰。在学习议论文体裁时，可以以国内的社会事件为话题，让学生评议，引导学生关注议论文中论述的严谨、结构的清晰。总之，所有关乎中国的素材，传统的、即时的，来自书本上的、杂志上的、报纸上的、网络上的，只要是权威的、规范的，都可以选取为英文写作课堂的教学材料。所选出的材料既可以用作范文供学生模仿，也可以从中筛选写作话题，作练笔之用。这样，学生的写作内容就丰富了许多，教师也不必再为寻找好的写作训练话题而苦思冥想。

（二）采用新颖的教学模式

英语写作是一门难度较大，极具挑战的课程，写作过程需要调动大量的主观能动性，学生对英语写作往往兴趣寡然。而传统的英语写作教学以讲授写作技巧为主、范文赏析为辅，教学方法单一，课堂氛围比较枯燥刻板。把母语文化引入英语写作课堂教学后，教学模式可采取“范文赏析为主，技巧讲授为辅；动笔练写为主，口头表达为辅”的模式。“范文赏析为主，技巧讲授为辅”的英语写作课堂为学生提供题材丰富的范文，特别增加与中国有关的英语文章；引导学生阅读各类英文报刊，从中了解相关的表达方法。这样既可培养学生的英语思维模式，积累语言素材，也可帮助学生养成良好的写作习惯，克服对英语写作的畏难情绪。“动笔练写为主，口头表达为辅”模式改变了单一的写作训练形式，建立多维度的英语写作课堂教学，教学形式灵活多样，教学活动丰富多彩。除了以动笔练写为主要写作训练形式外，还可以采取其他活动形式，如口头作文、看图说话、看新闻、写故事、小组讨论、小组PPT陈述等。

总体而言，外语教育的最终目的就是培养跨文化交际能力的人才。英语学生的跨文化交际能力的高低主要取决于其英语的实际应用能力以及社会文化能力。因此，学生在努力提高英语语言表达能力的同时，要不断提升综合人文素养，包括作为客体文化的英语文化素养和作为客体文化的母语文化素养，二者缺一不可。

第五节　文化与英语翻译教学的融合与渗透

改善高职院校英语翻译教学的现状，改革高职院校英语翻译教学的方法，培养学生的英语翻译能力是当务之急。其中，在高职院校英语翻译教学中渗透中华传统文化是改善高职院校英语翻译教学现状、激发学生学习兴趣的有效方法，而且能加深学生对中华文化知识的了解。

一、高职院校英语翻译教学的地位

开展翻译教学，目的在于培养高素质的英语翻译人才。总之，翻译教学有着重要的地位和作用，具体表现为如下几点。

（一）有利于增加学生的文化背景知识

众所周知，翻译不仅是两种语言之间进行的转换活动，更是两种文化之间的转换活动，因此为了保证翻译的质量，学生就必然需要清楚语言背后的文化。这就是说，在翻译教学中，教师除了给学生讲授翻译知识外，还需要将文化层面的知识融入进去。当然，文化知识不仅包括目的语文化知识，还包括母语文化知识，对两种文化知识进行对比，从而让学生了解语言差异产生的根源。因此，通过翻译教学，学生可以掌握很多与语言相关的文化知识。

（二）有利于提高学生的英汉语言修养

学生在翻译时，不仅要保证译文的完整性与对母语意义的准确再现，还需要保证译语的风格与源语的风格相一致、译语的修辞手段与源语的修辞手段相一致。因此，通过翻译教学，教师可以引导学生学会这些内容，从而提升学生的英汉语言素养。对于不同的文体，教师需要引导学生保证不同文体的特色。例如，对于科普类语篇的翻译，教师需要告诉学生：译文应该做到简练，避免深奥、晦涩，让读者可以轻而易举地获取自己想要知道的信息。在学习翻译时，学生往往会经过多重训练，这对于他们提升自身的语言素养有着重要作用。

（三）有利于培养学生的跨文化交际能力

无论对于英语而言，还是对于汉语而言，它们都有自身的、特定的交际模式。在进行翻译时，学生不仅需要掌握英汉两种语言知识，还需要掌握英汉两种文化知识，尤其是两种文化的差异性，这样才能掌握特定的交际模式。如果学生不了解这种交际模式，那么必然会产生交际的障碍。在翻译教学中，教师通过讲解两种文化的差异性，有助于学生掌握一些交际模式，从而便于开展跨文化交际。

（四）有利于满足社会对翻译人才的需求

时代不同，社会对英语人才的需求必然也存在差异，因此，英语教学的模式也必然存在差异。近年来，随着全球化的推进，国家与国家之间的交往更为紧密，这就需要翻译发挥中介与桥梁的作用。译者翻译得是否流利、准确，直接影响着交际的开展。21 世纪对翻译人才的需求更大、要求更高。因此，开展翻译教学显得很有必要，不仅与 21 世纪的社会需求相符，也有助于培养出高素质的翻译人才。

（五）有利于巩固和加强学生的综合语言能力

英语教学包含五项技能，即我们熟知的听、说、读、写、译。在这五项技能中，翻译技能起着重要的作用，并且学生会将自身所学的知识运用于口、笔译中。在笔译中，通过深层次地分析和研究源语的语音、词汇、语法等含义，从而巩固自身的这些层面的知识。在口译中，通过与对方进行交际，在对原文分析的基础上进行意义传达，这就锻炼了学生的听说能力。总体而言，翻译教学有助于其他技能的掌握与运用。

二、高职院校英语翻译教学的内容

翻译所涉及的内容非常宽泛，因此高职院校英语翻译教学所包含的内容也十分丰富。具体而言，高职院校英语翻译教学内容主要包含以下几个方面。

（一）翻译基础理论

翻译基础理论知识是英语翻译教学的基本内容，也是不可或缺的内容。翻译理论知识主要包括对翻译活动本身的认识、了解翻译的标准、翻译的过程、翻译对译者的要求（译者的素养）、工具书的运用等内容。翻译理论知识的教授不仅可以使学生在宏观上掌握翻译的基本思路，还能增强学生的翻译实践应变能力。

（二）英汉语言对比

翻译是两种语言之间的转换，所以对英汉语言进行对比分析不仅仅是翻译教学的基础，也构成了翻译教学的重要内容。英汉语言对比包括两个层面的比较：一是在语义、词法、句法、文体篇章等语言层面的比较；二是在文化、思维层面进行对比，以便在传译过程中完整、准确、恰当地传达出原文的信息。

（三）常用翻译技巧

翻译技巧是翻译教学的主干，在翻译实践中发挥着重要的作用，因此翻译技巧也就构成了英语翻译教学的主要内容之一。具体来讲，翻译技巧就是为了保持译文的通顺，在内容大致不变的前提下，对原文的表现方式和表现角度进行改写的方法，包括直译、意译、释义、增译、减译、正译、反译等。

（四）人文素养

语言与文化密不可分，所以翻译不仅仅涉及两种语言之间的转换，还涉及两种文化之间的转换。在具体的翻译实践中，译者不可避免地会遇到政治、经济、历史等各个方面的内容，如果不了解一定的文化背景知识，就很难有效进行翻译。因此，人文素养也就成了英语翻译教学中不可或缺的内容。

三、高职院校英语翻译教学的原则

为了保证翻译教学的计划性、目的性、层次性，教师应该坚持一定的原则，在这些原则的指导下，翻译教学才能开展得更好、更有效。下面就对这些原则展开探讨。

（一）普遍性原则

翻译行为本身属于语言行为的一种，而语言行为本身具有经验性特征，这就决定着翻译教学应该坚持普遍性。通过感知对事物的经验进行把握，这种经验往往是纯粹的经验，是一种局部的、表面的经验，因此，很难普遍地说明翻译行为与现象，也很难正确地指引翻译活动。但是，我们并不能将这种经验中的开拓性与典型性磨灭掉，而是应该运用一种科学的态度来认真对待。

翻译活动在普遍性原则的指导下，能够产生新的经验，从而实现真正的调整与检验，并实现深层次的优化与修正。也就是说，教师在翻译教学中必须坚持普遍性原则，以便让学生对普遍原则的基本指导思想有清楚的了解，从而对翻译实践活动进行指导。

（二）精讲多练原则

翻译教学中要坚持精讲多练原则，其包含两大层面：一是要求精讲，二是要求多练。众所周知，翻译教学属于技能教学中的一种，如果仅仅采用传统的方式来开展教学，即先进行讲解与灌输、后进行练习的方式，那么这样的教学方式很难提升学生的翻译能力。因此，就当前的翻译教学而言，教师应该将讲授与练习相结合，并在实际的练习中，让学生归纳和总结翻译的相关知识点。例如，在进行翻译练习之前，教师可以给学生讲解一些相关技巧，然后让学生进行练习。在学生完成一个阶段的练习之后，要对学生的练习进行仔细分析和批改，然后针对学生的练习进行讲评。需要注意的是，讲评并不仅仅是点评，而是基于对原文的系统分析，对知识进行整理，从而将其上升为理论。

（三）实践性原则

在翻译学习中，实践性是其重要的特征之一，这就要求翻译教学坚持实践性原则。在翻译教学中，教师需要为学生创造翻译练习的机会，如让学生去一些正规的翻译公司实习，通过实践来考查自己的翻译能力，如果有所欠缺，那么就需要针对欠缺的层面进行弥补。同时，这种真正的实践训练也有助于调动学生的积极性，为他们以后进入社会奠定基础。

(四) 实用性原则

在开展翻译教学时，教师需要与学生的实际情况联系起来，注重实用性。由于学生的翻译学习主要是为之后的工作准备的，这种与学生实际相结合的教学，有助于调动学生的积极性，从而提升教学与学习的效果。

(五) 循序渐进原则

任何活动都需要坚持循序渐进原则，当然翻译教学也不例外，过分地急于求成显然不可取。在实际的翻译教学中，教师应该从简单到复杂、从浅显到深刻，让学生逐步学习到翻译知识，并扎实掌握。例如，在翻译教学的初期，教师应该将翻译的一些基础知识介绍给学生，进而对一些技巧和理论进行讲解。但是，如果教师反过来先讲解技巧与理论，就会让学生感觉到晦涩难懂，也让学生很难将知识运用到实践中。可见，翻译教学中坚持循序渐进原则至关重要，这样不仅可以调动学生的翻译学习兴趣与积极性，还能够提升学生的自信心，提升他们的翻译技巧与能力。

(六) 速度与质量结合原则

在翻译教学过程中，教师还需要注意速度与质量的结合，不能仅注重速度。因此，在翻译时，除了要注重质量，还需要把握好速度，这样才能完成翻译任务。要想提升学生的翻译速度，教师可以对学生开展限时训练，让学生在规定时间内完成任务，并随着学生速度的提升，不断增加难度。当然，学生除了在课堂上进行限时练习，还可以在课下进行练习，这样可以循序渐进地把握好翻译速度，在有限的时间内完成翻译作品。

四、高职院校英语翻译教学的方法

（一）翻译策略法

归化和异化是文化翻译的两种常用策略。学生应根据具体语境，带着辩证的眼光灵活地运用这两种策略。

1. 归化策略

归化以目的语的语言形式、文化传统和习惯的处理为归宿。也就是说，归化是用符合目的语的文化传统和语言习惯的“最贴近自然对等”概念进行翻译，以实现功能对等或动态对等。

2. 异化策略

异化是以源语文化为导向的一种翻译策略，力求使译文更好地反映异域文化特性和语言风格，使译入语读者领略到“原汁原味”的译文。采用异化策略有利于打破各种文化差异所引起的沟通界限，有效维护文化的多样性。

（二）文化导入法

在英语翻译教学中，教师要有针对性地向学生导入文化知识，以加深学生对翻译的认识，提高学生的翻译能力。

1. 比较法

在英语翻译教学中，教师可以对英汉两种文化进行比较，将跨文化能力与英语运用能力有机结合，使学生不仅学习英语语言知识，而且逐渐吸收语言背后的文化知识，培养文化敏感性。

2. 专题讲座法

除了比较法，英语教师还可以对学生在翻译中遇到的一些文化难题进行分析和总结，邀请专家或外教开展一些其他文化知识的专题讲座。专题讲座往往时间集中，涵盖大量的信息，这对学生文化敏感性的培养与提升很有帮助，可以使学生对其他文化有更全面的了解与认识。

（三）网络辅助法

翻译是一种语言转换为另一种语言的活动，所以，寻找两种语言之间的最佳匹配点就成为十分关键的环节。为了能在翻译的过程中体现、发扬汉语语言传统，教师应让学生熟悉汉语的行文特征，了解汉语的表达习惯。换句话说，加强学生汉语语言功底的培养具有非常重要的意义。借助网络的帮助，有利于培养学生的英汉双语翻译能力，从而获得最佳的学习效果。在具体的实施上，教师可以从以下几点着手。

1. 扩大课堂信息量，克服课堂教学的局限性

如果仅仅依靠课堂教学，那么课时必然是有限的，因此，需要利用校园网来扩大课堂信息量，从而克服课堂教学的某些弊端。在具体的教学中，教师以学生为中心，以网络为手段，降低学生的焦躁情绪，缓解学生的紧张心理。同时，为了弥补课时的不足，教师可以将课堂上未叙述详细的翻译模块放在网络上，让学生自主选择学习。此外，教师需要有计划地增大难度，加强学生对跨文化交际、不同文化的了解，开阔学生的眼界。大学生通过校园网对文章进行阅读，自行翻译，与优秀译文进行对比并探讨，最终仿照原文写作形式来提高自己的翻译水平。在练习的过程中，学生可以从自己的专业和兴趣出发。如果学生学的是医学专业，那么他们可以选择医学材料进行翻译练习；如果学生学的是旅游专业，那么他们可以选择旅游材料进行翻译练习。

2. 展开翻转课堂教学，增加英语习得

各大高等院校可以直接使用与教材相配的多媒体教学光盘，但是由于各大高职院校的设备资源情况不同，并且配套的光盘大多数缺乏系统性的翻译教学内容，因此，教师需要根据不同的情况来制作多媒体课件。也就是说，多媒体课件的制作需要建立在教学过程、教学目标、教材内容、教学媒体的基础上，坚持互动性原则，以提升学生的自主学习能力，确保不同层次的学生在翻译能力上都能够得到提高和训练。据此，在开展翻转课堂教学之前，教师设计的翻译教学模块需要利用声音、图片、动画等刺激学生的大脑，使学生之前难以理解的翻译理论变得更为生动、有趣。在具体的翻译课堂教学中，教师既要对英汉互译的技巧进行分析和总结，又要补充相应的文化知识，使学生能够对翻译的

基本常识得以系统掌握。虽然这样的教学模式还是按照译例分析一课堂翻译一课后练习的方式，但是其内容和形式与传统的翻译教学大不相同。第一，内容上是针对不同层次的学生展开的；第二，形式上不再是单调的板书形式，而是以媒体形式呈现，不仅节省了时间，还便于进行分级教学。

3. 制作教学课件，建立翻译素材库

网络课件是一种新的模式，它的制作光靠个别教师很难完成，而且教师自身的知识结构、时间资源等也都是非常有限的，因此，新模式更强调资源共享、集体备课。制作教学课件，建立翻译素材库，教师需要注意如下几点：

（1）在翻译教学内容上，教师除了注重精讲，还需要注意多练。翻译毕竟属于高职院校英语教学的一部分，因此，不可能占据多余的课时。这就要求教师应从教学大纲出发，通过集体讨论对精讲的翻译理论和技巧进行确定，搭建一个教学框架。同时，教师要根据自己的情况进行局部的更改和发挥。另外，在具体的实践中，教师设计的翻译练习要保证题材、体裁多样，难度要适中，并能够做到及时调整和更新。

（2）在翻译教学方法上，教师应该将课堂与课外相结合。在传统的翻译教学模式中教师讲得比较多，学生练习的机会少，学生是被动的，这就导致学生很难有兴趣去了解翻译技巧，所以课堂内外的讲练结合是十分必要的。在练习的基础上，教师给予一些指导性的意见，引导学生归纳自己的翻译技巧和方法。

（3）在翻译教学建设上，要及时补充、更新翻译素材库。从具体的、大量的教学实践中归纳出理论，然后将这些上升为理性认识，反过来对实践进行指导。翻译素材也要与时势相符，是对当代社会各个层面的反映，其难度要体现层次性。教师也要发挥主观能动作用，不断地扩充素材库。

(四) 技巧讲练法

翻译技巧是翻译有效进行的保证，所以，教师在教学中要有意识地向学生讲授一些常用的翻译技巧，并引导学生进行有针对性的练习。

1. 直译法

直译法即采用和译语对应的词翻译出源语中的信息，这样可以尽可能多地保留源语文化的特征，开阔译语读者的文化视野，促进文化之间的交流。

2. 转换法

由于不同民族的历史、生活地域、风俗习惯等各不相同，因此，对待同一个事物，不同民族也会有不同的理解和认识。有的事物在一种语言文化中有着丰富的内涵和外延，而且可以引起人们美好的联想，在另一种语言文化中却平淡无奇，毫无文化色彩。在翻译过程中，如果遇到这种文化差异，译者应采用变通的处理方式，也就是说，将源语中具有文化色彩的词语转换成译语中带有相同文化色彩的词语。

3. 译注法

有些原文是一些包含一定文化色彩的历史事件、人物、典故等。当译者在翻译这些词语时，可以先直译，再用增词和加注的方法对这些词语进行解释和说明。这样既可以保留原文的文化色彩，又可以方便读者理解。

4. 意译法

很多时候，两种语言的表达方式与文化背景有着很大差异，译语中没有相应的词语来表达源语中有文化色彩的词语，并且其他方法也不能翻译出原文的文化色彩。此时，译者就只能使用意译法进行翻译。意译即不考虑源语的语言形式和字母意思，在译语中采用跨文化的“对等”词表达出源语的文化信息。需要指出的是，这里的跨文化“对等”严格意义上仅是文化的相似。也就是说，这种翻译可能会出现源语文化意象的缺损。

5. 音译法

有些源语文化中特有的物象在译语中为“空缺”或者“空白”。此时仅能用音译法将这些特有的事物移植到译语中。这样不仅保存了源语文化的“异国情调”，而且吸收了外来语，丰富了译语语言的文化。

6. 图表法

所谓图表法，是指运用图表对复杂的事物的内在关系进行对比，最后进行阐释的方法。这种方法比较简明，也容易理解，能够对事物内在的关系进行清晰的阐释。运用图表法能够让目的语读者对译语文本中的文化信息有一目了然之感，进而理解也就非常容易了。

7. 零译法

零译法是一种前卫的、新颖的翻译法。与传统的直译法、意译法、音译法等方法相比，这一方法往往比较省时、省力，也容易让目的语读者理解和把握。在翻译中，译者应该对这一方法进行恰当的运用，从而更好地促进两种语言与文化的发展。

8. 改写法

所谓改写法，是指对目的语中已经存在的妙语进行改造，并运用到译文之中。其与转换法的区别在于，转换法是直接运用目的语中的与源语相同含义的词汇或句子，而改写是在其基础上进行改造。

9. 省译法

省译法，顾名思义就是对其中的一些内容进行省略。具体而言，译者在进行翻译时，需要对一些不必要的内容进行省略。

参考文献

[1]刘璇.高职英语教学的理论与创新路径探索[M].北京:文化发展出版社,2024.

[2]李进斌.高职英语教学与教师发展研究[M].北京:中国纺织出版社,2024.

[3]李首权.产出导向法规视域下的高职英语教学研究[M].天津:天津科学技术出版社,2024.

[4]张崎静.核心素养视域下的高职英语混合式教学创新与实践[M].长春:吉林出版集团股份有限公司,2024.

[5]张颖,何伟莲.高职高专商务英语听力教程 第 2 册[M].上海:复旦大学出版社,2024.

[6]李伟,孙晓梅,吴杨,等.高职院校英语系列大赛能力提升指导用书[M].北京:外语教学与研究出版社,2024.

[7]肖文萍.高职外语类专业教学实践与研究——以商务英语和应用英语专业为例[M].北京:对外经济贸易大学出版社,2024.

[8]马霞.高职基础英语[M].上海:上海交通大学出版社,2024.

[9]龚玲玲.实用会计英语第 2 版[M].北京:清华大学出版社,2024.

[10]马国志.商务英语翻译实务[M].北京:清华大学出版社,2024.

[11]翁洁静.产出导向法理论指导下的高职实用英语教学研究[M].北京:海洋出版社,2024.

[12]贺美娜,何雪莲,鲍建军.商务英语笔译[M].北京:冶金工业出版社,2024.

[13]李霓.高职商务英语教学与任务型教学设计及实施[M].长春:吉林人民出版社,2023.

[14]陆艳艳.产教融合背景下高职专业英语实践教学研究[M].青岛:中国海洋大学出版社,2023.
[15]王蜜蜜.高职院校英语课程改革研究[M].北京:中国书籍出版社,2023.
[16]王海燕,杨芳,陈玫.高职英语拓展阅读[M].北京:外语教学与研究出版社,2023.
[17]邵韵之.高职英语教学与翻译研究[M].长春:吉林大学出版社,2023.
[18]赵丽.现代高职英语教学与创新实践[M].长春:吉林出版集团股份有限公司,2023.
[19]许艳平.多维视野下高职英语教学研究[M].北京:中国财富出版社,2023.
[20]刘桂梅.高职英语教学理论与改革实践研究[M].北京:北京工业大学出版社,2023.
[21]赵倩倩.高职英语教学理论与模式创新[M].长春:吉林大学出版社,2023.
[22]黄娟.高职英语教育与教学创新实践[M].延吉:延边大学出版社,2023.
[23]王龙.高职英语教学模式与创新研究[M].长春:吉林出版集团股份有限公司,2023.
[24]朱珍.高职英语教学的模式与方法研究[M].长春:吉林出版集团股份有限公司,2023.
[25]李丽能,吕姗,廖文丹.多维视角下的高职英语教学及其模式创新研究[M].长春:吉林人民出版社,2023.
[26]陈培姗.高职英语课程教学与思辨能力培养研究[M].长春:吉林人民出版社,2023.
[27]郑梅,刘春艳.跨文化背景下高职英语教育创新理论研究[M].长春:吉林出版集团股份有限公司,2023.

[28]程诚，吕晓慧，陈玉.职业能力培养的高职英语教学模式研究[M].北京：中国民主法制出版社，2023.
[29]邹雯作.基于成果导向的高职英语教学改革研究[M].北京：中国原子能出版社，2023.
[30]余伟琼，张弋.高职高专高职英语晨读教程(职业篇)[M].大连：大连理工大学出版社，2023.